# 毎日 ちょこっとリーディング

英会話のジオス
**GEOS** Corporation

Daily
**Bite-sized**
English:
Reading

# はじめに

「英語上達のカギは継続」。
英語学習者、あるいはこれまでに英語学習の経験がある方なら、おそらく一度は耳にされたことがあるのではないでしょうか。

英語を学習する上で「継続」が大事なのは本当です。やる気がある時にまとめて勉強するよりも、毎日少しずつでも学習する方が断然効果的なのです。

それでは、なぜそれがわかっていながら実行できないのでしょうか。それは、きっと「勉強の習慣」がついていないからだと思います。

小さい頃からコツコツ型を貫いてきた人や、もともと何かを続けることがあまり苦にならない人は別ですが、「テストはいつも一夜づけで乗り越えてきた」という瞬発型の人にとって、「勉強の習慣をつけること」はとても大変なことです。

そもそも、「習慣をつける」こと自体、1日や2日で達成できることではありません。「英語力が伸びない」と悩んでいる人の多くは、断続的にしか英語に接していません。最初は苦しくても「毎日英語に触れる習慣」をつけていかなければ、英語力を伸ばしていくことは難しいのです。

「習慣をつける」時に多くの人が陥りやすい失敗は、初めから頑張りすぎてしまうことです。無理な計画を立てて挫折してしまうよりは、最初に少しずつでも「毎日英語に触れる習慣」をつけてから、徐々に量を増やしていく方がいいのです。

そこで生まれたのがこの「毎日ちょこっと」シリーズです。「本当にこれだけでいいの?」と思うかもしれませんが、試しに続けてみてください。少量でも「毎日続けること」は簡単ではありません。その代わり、一度英語学習の習慣が形成され、自然に毎日続けられるようになれば、今後の大きな自信につながり、それが英語力の伸びにも反映されるはずです。

その日を目標に、とりあえず「ちょこっと」ずつ頑張っていきましょう。

# この本の使い方

「はじめに」でも述べましたが、この本の最大の目的は「少しずつでも毎日続けること」です。ですから、「今日はやる気があるから」といって、一度にたくさんページを進めないようにしましょう。

■最初のページには、多くの人々から集められた「日常のつぶやき」や「過去の思い出」などをネタにした英文と、その内容に関するクイズがあります。

❶ まずは英文を読んでみましょう。

　※わからない単語の意味はできるだけ自分で推測するようにして、まずは大意をつかみます。

❷ 大体の意味がわかったら、クイズに挑戦してみましょう。

　※Q19〜27までは英文が2つありますが、クイズはすべて②のみから出題されています。

■裏にはクイズの解答と和訳、解説、語彙がのっています。

❶ まずはクイズの解答と和訳を見て、自分がどの程度文意を理解していたか、確認してみましょう。

❷ よくわからなかったところがあれば、解説を読んでおきましょう。そして意味を理解した上で、もう一度英文を読んでみてください。(音読したり、一度書いてみたりすると、より効果的です)

❸ 英文の中に会話で使いたいフレーズや使えそうなフレーズがあれば、線を引いたり、ノートに書き出したりして覚えておきましょう。

❹ 解説の後には本文に出てきた語彙が載せてありますので、とりあえず、それぞれの意味は覚えておきましょう。この時、やみくもに全部の単語を暗記するよりは、一部ずつでも、会話やライティングの中で実際に使いながら覚えていくようにしてください。

❺ 余裕があれば、読んだ内容を自分が知っていることばで表現する練習をしてみましょう。(本文をそのまま暗記するのではありません)

■最後には、Word List があります。ここで、既出の語彙の意味を言えるかどうか、あるいは意味を見てその語彙を思い出せるかどうかを確認してみてください。

# Contents

| | |
|---|---|
| はじめに | 3 |
| この本の使い方 | 4 |
| Q1〜Q5 | 7 |
| Q6〜Q10 | 17 |
| Q11〜Q15 | 27 |
| Q16〜Q20 | 37 |
| Q21〜Q25 | 47 |
| Q26〜Q30 | 57 |
| Q31〜Q35 | 67 |
| Q36〜Q40 | 77 |
| Q41〜Q45 | 87 |
| Q46〜Q50 | 97 |
| Q51〜Q55 | 107 |
| Q56〜Q60 | 117 |
| Q61〜Q65 | 127 |
| Q66〜Q70 | 137 |
| Q71〜Q75 | 147 |
| Q76〜Q80 | 157 |
| Q81〜Q85 | 167 |
| Q86〜Q90 | 177 |
| Word List | 187 |

# Q1

日目

〈夫の口グセ〉
Whenever I ask my husband to do something, he always says, "OK, OK," but I don't think he really is OK about doing it. 　　（長年連れ添った妻）

この妻が言いたいことは次のうちどれ？

Ⓐ 夫はいつも頼み事を聞いてくれない。
Ⓑ 夫はちゃんと質問に答えてくれない。
Ⓒ 夫は生返事することが多い。

# A1

### ◉ 夫は生返事することが多い。

**和訳**

夫は私が何か頼むたびに「わかった、わかった」と言うけれど、本当にわかっているとは思えない。

**解説**

- whenever ~ は「~する時はいつでも」という接続詞。
- ask (人) to ~ は「(人)に~するように頼む」。
- I don't think ~ は「~とは思わない」という自分の考えを表す時に使う。
- 「本当に~である」と、「~である」を強調したいので、副詞 really「本当に」は is の前に入れる。
- 前置詞 about「~について」の後には名詞や代名詞の目的格、動名詞(前ページの doing「~をすること」のような動詞の ~ing形)などが来る。

**語彙**

| | | | | | |
|---|---|---|---|---|---|
| ask | ~に頼む | husband | 夫 | do | ~をする |
| something | 何か | always | いつも | say | ~と言う |
| think | ~と思う | really | 本当に | | |

# Q2

日目

〈ミイラ取りが…〉

My parents used to tell me not to play video games, but ever since they tried playing, they've become addicted to them—they've even cut back on sleep to play.

(ゲームは卒業した息子)

### テレビゲームに対する両親の態度は?

- Ⓐ 昔も今も、至って無関心。
- Ⓑ 昔は反対していたが、今は熱中している。
- Ⓒ 昔は熱中していたが、今は反対している。

# A2

**B** 昔は反対していたが、今は熱中している。

**和訳**

以前は僕にテレビゲームはするなと言っていたうちの両親だが、試しにプレイして以来自分たちがハマってしまい、いつも寝る間を惜しんでまでやっている。

**解説**

- used to ~「以前は~だった、~していた」は過去にしていた(今はしていない)ことを表す時に使う。
- tell (人) not to ~ は「(人)に~しないように言う」。tell には「~と言いつける、命じる」という意味がある。「~しないように」と言う時は to の前に not を入れる。
- try ~ing は「試しに~してみる」。ever「いつも、常に」は since「~以来」を強めている。
- have become addicted to ~ は「~に熱中するようになった」という結果を表す現在完了。
- even「~までも」は「睡眠時間を削ってまで」と、後に続く語句の意味を強めている。
- to play (video games) は「(テレビゲームを)するために」と have cut back on sleep「睡眠時間を減らした」の目的を表す不定詞(副詞的用法)。
- have cut back on ~ は「いつも~を削っている」という継続を表す現在完了。

**語彙**

| | | | |
|---|---|---|---|
| parents | 両親 | tell | ~と言う |
| play | ~をして遊ぶ | video game | テレビゲーム |
| ever since ~ | ~以来ずっと | try | ~をやってみる |
| become | ~になる | addicted to ~ | ~に夢中になって |
| even | ~までも | cut back on ~ | ~の量を減らす |
| sleep | 睡眠 | | |

# Q3

日目

〈洗濯をしながら思うこと〉

The stain on my T-shirt came off completely when I bleached it. I wish I could remove the spots on my face like that.　　　（曲がり角の私）

### この女性の願望は何？

- **Ⓐ** 髪を脱色すること。
- **Ⓑ** 顔のしみを取ること。
- **Ⓒ** 顔のしわをなくすこと。

# A3

### B 顔のしみを取ること。

**和訳**

漂白したら、Tシャツのしみがきれいに取れた。そんなふうにお顔のしみも取れたらいいのに。

**解説**

- stain on one's T-shirt は「〜のTシャツのしみ」。「〜の顔の吹き出物(しみ)」は spots on one's face。いずれも表面にあるので on を使う。
- come off completely は「完全に取れる」。come off はしみだけでなく、ボタンや取っ手、塗料などが「取れる」と言う時にも使う。
- when I bleached it「それを漂白した時」の it は (The stain on) my T-shirt を指す。when「〜する時に」は接続詞。when + 主語 + 動詞の過去形 は「主語が〜した時」。
- I wish I could ~ は「〜できたらいいのになあ」と現実と反対の願望を表す。(仮定法)
- remove は「(無理に)〜を取り除く」、come off は「(自然に)取れる、はがれる」。ニュアンスの違いに注意。

**語彙**

| | | | |
|---|---|---|---|
| stain | しみ | T-shirt | Tシャツ |
| come off | 取れる | completely | 完全に |
| bleach | 〜を漂白する | remove | 〜を取り除く |
| spot | 吹き出物 | face | 顔 |
| like | 〜のように | | |

# Q4

日目

〈結局は…〉
I usually buy wash-and-wear shirts to save time, but eventually, I feel myself compelled to iron them anyway. So, there's really no point in buying them, is there?

(几帳面)

この人の悩みは何?

Ⓐ 形状記憶シャツにもついアイロンをかけてしまう。
Ⓑ 洗濯に時間がかかる。
Ⓒ 洗濯やアイロンがけが苦手。

# A4

## Ⓐ 形状記憶シャツにもついアイロンをかけてしまう。

### 和訳
時間を節約するためにいつも形状記憶シャツを買っている私だが、結局はついついアイロンをかけてしまう。それだったら、形状記憶シャツを買ってもまったく意味がないよね？

### 解説
- buy ~ to ... は「…するために~を買う」。
- feel oneself compelled to ~ は「自分で~せざるを得ないと思ってしまう」、つまり「ついつい~したくなる」ということ。
- so「だから」は口語でもよく使うつなぎのことば。
- there's really no point in buying them, is there? は、「(どっちみちアイロンをかけるなら)形状記憶シャツを買ってもまったく意味がないよね？」と相手の同意を求める付加疑問文。前が there's really no point ~ と否定なので、コンマの後は is there? と肯定の疑問形にする。them は wash-and-wear shirts のこと。
- there's no point in ~ing は「~しても意味がない」。ここでは really「まったく」を入れて強調している。

### 語彙

| | | | |
|---|---|---|---|
| usually | 普通は | buy | ~を買う |
| wash-and-wear shirt | 形状記憶シャツ | save | ~を節約する |
| time | 時間 | eventually | 結局は |
| feel | ~を感じる | (be) compelled to ~ | ~せざるを得ない |
| iron | ~にアイロンをかける | anyway | とにかく |
| point | 目的、意味 | | |

# Q5

日目

〈父のささやかな日々の喜び〉

My father, who had no gray hairs, was very glad to find one when he was standing in front of the mirror the other day. I think he is very lucky to look so young, but he seems to want to look his age.

(老けた娘)

お父さんが喜んだ理由は？

- Ⓐ 白髪染めに成功したから。
- Ⓑ 白髪が減ったから。
- Ⓒ 白髪ができたから。

# A5

## ● 白髪ができたから。

### 和訳
先日、まったく白髪のなかった父が、鏡の前に立っていた時に白髪を1本見つけたと言ってとても喜んでいた。私はそんなに若く見えるなんてとてもラッキーだと思うけど、父は年相応に見られたいようだ。

### 解説
- who had no gray hairs「まったく白髪がなかった」が先行詞 My father「うちの父」を修飾している。have no ~ は「~がまったくない」。
- was very glad to find one は「1本見つけてとても喜んでいた」。この one は one gray hair のこと。
- when he was standing は「彼が立っていた時に」。when + 主語 + 動詞の過去進行形 は「主語が~していた時」。
- I think ~ は「私は~だと思う」。断定を避ける時や、自分の意見を表す場合などによく使う。
- he is very lucky to look so young の to 以下は、「~するとは」という原因・理由を表す不定詞。look so young は「そんなに若く見える」で、この場合の so は「それほど」という意味の副詞。
- want to look one's age は「年相応に見られたい」。look one's age は「年相応に見える」。

### 語彙
| | | | | | |
|---|---|---|---|---|---|
| father | 父親 | have | ~がある | gray hair | 白髪 |
| be glad to ~ | ~して嬉しい | find | ~を見つける | stand | 立つ |
| in front of ~ | ~の前に | mirror | 鏡 | the other day | 先日 |
| lucky | 運のよい | look | ~のように見える | young | 若い |
| seem to ~ | ~のようだ | want to ~ | ~したい | age | 年齢 |

# Q6

日目

〈4月の葛藤〉

Sometime in April, my mother usually calls to tell me not to buy a present for her on Mother's Day, but when I hear that, it reminds me that Mother's Day is coming, so it's really hard for me to ignore.

(孝行息子)

母親からの電話に困惑する理由は？

- Ⓐ 余計に母の日を無視できなくなるから。
- Ⓑ 母の日だからと言っておねだりをされるから。
- Ⓒ 母の日には絶対帰ってくるように言われるから。

# A6

### A 余計に母の日を無視できなくなるから。

**和訳**

4月になるといつも、母の日に何もプレゼントを買わないようにと母から電話がかかってくるが、それを聞くと(かえって)母の日が来ることを思い出すので、無視するのはとても難しい。

**解説**

- sometime in April は「4月中に、4月のある時に」。sometime は不特定の時を表す。
- buy ~ for (人) は「(人)のために~を買う」。「母の日に」は on Mother's Day。
- it reminds (人) that ~ は「(人)に~ということを思い出させる」。
- ~ is coming. の ~ に祝日、記念日などを入れると、「もうすぐ~だ、~の日が来る」という文になる。
- it's really hard for (人) to ~ は「(人)にとっては本当に~しにくい、~するのがかなり難しい」ということ。

**語彙**

| | | | |
|---|---|---|---|
| sometime | いつか、ある時 | April | 4月 |
| mother | 母親 | call | 電話をかける |
| present | プレゼント | Mother's Day | 母の日 |
| hear | ~を聞く | remind | ~に思い出させる |
| come | 来る | hard | 難しい |
| ignore | ~を無視する | | |

# Q7

〈初体験の痛い思い出〉

When I was a high school student, I once got a mosquito bite on my lip and it became really swollen. I was so shocked; my first kiss was not with a boy but with a mosquito.

(蚊レシ募集中)

彼女は何に対してショックを受けている？

Ⓐ ファーストキスの場所。
Ⓑ ファーストキスのタイミング。
Ⓒ ファーストキスの相手。

# A7

### C ファーストキスの相手。

**和訳**

高校生だった頃、一度蚊に刺されて唇がすごく腫れ上がったことがある。本当にショックだったなぁ。ファーストキスの相手が、男の子ではなくて蚊だったから。

**解説**

- When I was ~, I once ... は「(私が)~だった時、一度、…(したことがある)」。
- 刺された場所を表す時には on my lip「唇を」のように on を使う。get a mosquito bite は「蚊に刺された跡を得る→蚊に刺される」。became swollen は「腫れている状態になった→腫れた」。
- so shocked の so は「本当に、とっても」という意味の副詞。shocked「ショックを受けて」のように、主語が(人)の時に過去分詞形で形容詞的に使われる動詞がある。

   e.g. I'm **tired**. (疲れている)
     I'm **scared**. (怖い)

**語彙**

| | | | |
|---|---|---|---|
| high school | 高校 | student | 学生 |
| once | 一度 | get | ~を得る |
| mosquito | 蚊 | bite | 刺し傷 |
| lip | 唇 | swollen | 腫れ上がった |
| shocked | ショックを受けて | first | 最初の |
| kiss | キス | boy | 男の子 |

# Q8

〈妻から学んだ教訓〉

After getting married, I learned my wife's "just a minute," actually means ages. She usually says it when we're shopping, but I have to wait at least an hour before she comes out of each shop.

(苦節10年)

この夫が学んだ教訓とは?

- Ⓐ 妻の「ちょっと」はあてにならない。
- Ⓑ 妻の買い物時間は年々長くなる。
- Ⓒ 長時間、妻を買い物につき合わせることはできない。

# A8

### ⓐ 妻の「ちょっと」はあてにならない。

#### 和訳

結婚後、妻の「ちょっと(待って)」が、実際はとても長いということがわかった。彼女は買い物の時にいつもそう言うが、彼女がそれぞれの店から出てくるまで、少なくとも1時間は待たなければならない。

#### 解説

- After getting married は「結婚した後」。after ~ing は「~した(する)後」。この場合の get は「(~の状態に)なる、至る」。
- ~ actually mean(s) ... は「~は実のところ…ということ」。ここでは、妻の "Just a minute." (ちょっと待って)は実際は「長時間待て」ということだと言っている。
- age「年齢」は、ages にすると「かなり長い時間」という意味になる。ここでは long time「長い間」と言う代わりに誇張して ages と言っている。
- says it の it は "just a minute" のこと。when + 主語 + 動詞の現在進行形 は「主語が~している時」。
- have to wait at least ~ は「少なくとも~は待たなければならない」。have to は「~しないといけない」。
- before ~ は「~より前に」という接続詞。come out of ~ は「~から出てくる」。each shop は「それぞれの店」。つまり、1件行くごとに1時間はかかるということ。

#### 語彙

| | | | | | |
|---|---|---|---|---|---|
| married | 既婚の | learn | ~を知る | wife | 妻 |
| just | ただ~だけ | minute | 分、瞬間 | actually | 実際は |
| mean | ~を意味する | shop | 買い物をする、店 | wait | 待つ |
| at least | 少なくとも | hour | 時間 | each | それぞれの |

# Q9

日目

〈夏が来れば思い出す…〉

One summer afternoon, when I came home from school, my grandma was outside beating my futon with a flyswatter—yuck! I wish she had used her back-scracther instead.

（ばあちゃんっ子）

帰宅した時、おばあちゃんは、外で何をしていた？

- Ⓐ 昼寝をしていた。
- Ⓑ ハエ退治をしていた。
- Ⓒ フトンをたたいていた。

# A9

### ◉ フトンをたたいていた。

**和訳**

ある夏の午後、学校から帰ると、外でばあちゃんが僕のフトンをハエたたきでたたいていた…汚いなぁ！(どうせなら)代わりに孫の手を使ってほしかった。

**解説**
- one ~ は「ある~」。
  e.g. one day (ある日)　one night (ある夜)
- come home from ~ は「~から帰宅する」。
  e.g. come home from work (仕事から帰る)
- be outside ~ing は「~しながら外にいる」。
- beat ~ with ... は「...で~をたたく」。with a flyswatter は「ハエたたきで」。この with は「~で」と道具を表す。
- Yuck! は「ゲーッ!、オエッ!」と不快感や嫌悪感を表す悲鳴のようなもの。
- I wish she had used ~ は「(実際は使わなかったけど)~を使ってくれればよかったのに」という過去の願望を表す(仮定法)。

**語彙**

| summer | 夏 | afternoon | 午後 |
|---|---|---|---|
| home | 家に、自宅に | school | 学校 |
| grandma | おばあちゃん | outside | 外で |
| beat | ~をたたく | flyswatter | ハエたたき |
| use | ~を使う | back-scratcher | 孫の手 |
| instead | その代わりとして | | |

# Q10

日目

〈壊れてるのはどっち？〉

My mother told me that my CD player was broken. When I went to check if it really was broken, I pressed the eject button and saw a DVD come out. No wonder it didn't work.

(家電の達人)

結局、CDプレイヤーの調子はどうだった？

- Ⓐ 正常だった。
- Ⓑ 完全に壊れていた。
- Ⓒ ちょっと調子が悪かった。

# A10

## A 正常だった。

### 和訳

CDプレイヤーが壊れていると母が言うので、本当に壊れているかどうかチェックしに行き、取り出しボタンを押すとDVDが出てきた。そりゃ、動かなくて当然でしょう。

### 解説

- told は tell「～を話す, 告げる」の過去形。tell (人) that ~ は「(人)に～と言う」。
- went to check if ~ は「～かどうか調べに行った」。この場合の to 以下は場所を表すのではなく、「～するために」という目的を表す。went は go「行く」の過去形。
- if it really was broken は「本当に壊れているのかどうか」。この場合の if は「～かどうか」。
- see + (人・物) + 動詞の原形 は「(人・物)が～するのを見る」。
- No wonder ~ は「～でも無理はない、どうりで～なわけだ」。No wonder.「当たり前だ」と単独でも使うことがある。

### 語彙

| | | | |
|---|---|---|---|
| player | プレーヤー | broken | 壊れた |
| go | 行く | check | ～を調べる |
| press | ～を押す | eject button | 取り出しボタン |
| see | ～を見る | wonder | 驚き |
| work | 正常に機能する | | |

# Q11

日目

〈気が若いのはいいこと。でもね…〉

My mother is really young at heart. I think it's great, but I want her to stop wearing my clothes without asking me. I almost died when I saw her wearing my pink miniskirt downtown.

(つぶやき人知らず)

娘が母に望んでいることは?

Ⓐ もっと洋服を買ってほしい。
Ⓑ 勝手に自分の服を着ないでほしい。
Ⓒ もっと気を若く持ってほしい。

# A11

### B 勝手に自分の服を着ないでほしい。

#### 和訳

うちの母はとても気が若い。それはそれでとても結構なのだが、無断で私の服を着るのはやめてほしい。街で、私のピンクのミニスカートをはいた母を目にした時は、ショック死しそうだった。

#### 解説

- I think it's great, but ... は「それはすごくいいことだけど…」ということ。
- want (人) to ~ は「(人)に~してもらいたい」という願望を表す。
- stop ~ing は「~するのをやめる」。よく stop to ~「~するために立ち止まる」と間違うので注意。
- without asking me は「私に聞かずに、私の了解も得ずに」。この場合の ask は「~に尋ねる」という意味。without ~ing は「~することなしに」。
- see + (人・物) + ~ing は「(人・物)が~しているのを見る」。

#### 語彙

| | | | |
|---|---|---|---|
| at heart | 気持ちの上では | great | すばらしい |
| stop | ~をやめる | wear | ~を着ている |
| clothes | 服 | without | ~なしで |
| almost | ほとんど | die | 死ぬ |
| pink | ピンクの | miniskirt | ミニスカート |
| downtown | 繁華街で | | |

# Q12

日目

〈わが妻の生態〉
My wife is usually still in bed when I leave for work. On my days off, however, she gets up really early and asks me, "Why don't you take us somewhere?" （いつもはタクシー休みはアッシー）

妻の起床時間は？

**Ⓐ** いつも自分と同じぐらい。
**Ⓑ** いつも自分より遅い。
**Ⓒ** 場合による。

# A12

## C 場合による。

### 和訳

私が仕事に行く時にはいつもまだ寝ている妻。それなのに、休みの日となるとやたらと早起きして「どこか連れて行ってよ」とせがんでくる。

### 解説

- be still in bed は「まだ寝ている」。when + 主語 + 動詞の原形 は「主語が〜する時」。
- days off は a day off「休日」の複数形。
- however「けれども」は、but「しかし」よりもフォーマルな接続詞。
- Why don't you ~? は「〜したらどう?」と人に何かを提案したり、アドバイスをしたりする時の決まったフレーズ。~ の部分には動詞の原形が続く。
- take ~ somewhere は「〜をどこかに連れて(持って)行く」。

### 語彙

| | | | |
|---|---|---|---|
| be in bed | 寝ている | still | まだ、いまだに |
| leave for ~ | 〜に出発する | work | 仕事 |
| day off | 休日 | get up | 起きる |
| early | (朝)早く | take | 連れて行く |
| somewhere | どこかに | | |

# Q13

〈貴重なおもてなし〉

My wife is usually sleeping when I come home, so if she's still up and greets me with a big smile, I know she wants something—sometimes I think I can see Prada bags in her eyes.

(恐妻夫)

妻が出迎えてくれるのはどんな時?

- Ⓐ 何かほしい物がある時。
- Ⓑ 高い買い物をした時。
- Ⓒ 機嫌がいい時。

# A13

## 🅐 何かほしい物がある時。

### 和訳

うちの妻は、いつも私が帰宅した時には寝ている。だから、もし彼女がまだ起きていて、満面の笑みで私を出迎えてくれたとしたら、きっと何かほしい物があるのだ…時々、彼女の瞳の中にプラダのバッグが見えるような気がする。

### 解説

- when I come home は「自分が帰宅する時」、My wife is usually sleeping は「妻はいつも寝ている」ということ。この場合の sleep は「眠る」という動詞。
- so if ~ は「だからもし~なら」。この if は「もし~なら」という条件を表す。
- be still up は「まだ起きている」。逆は be already in bed「もう寝ている」。
- greet (人) with ~ は「(人)を~で歓迎する」。with a big smile は「満面の笑みで」。~ には a kiss「キス」や a hug「抱擁」なども入る。
- I can see ~ in someone's eyes は「(人)の瞳の中に~が見える」。

### 語彙

| up | 起きて | greet | ~を歓迎する |
|---|---|---|---|
| big | 大きい | smile | 笑顔 |
| know | ~を知っている | want | ~がほしい |
| sometimes | 時々 | bag | バッグ |
| eye | 目、瞳 | | |

# Q14

日目

〈職場でふと思う…〉

The person working next to me often talks to herself loudly, so I sometimes think she's talking to me. I wish she would speak more softly—at least when she isn't talking to other people.　　　　　　　　　　　　　（はよしてよ）

同僚に願うことは…

Ⓐ いつも静かにしゃべってほしい。
Ⓑ 独り言は静かに言ってほしい。
Ⓒ 電話では静かにしゃべってほしい。

# A14

### B 独り言は静かに言ってほしい。

**和訳**

隣のデスクの人は、よく大きな声で独り言を言っているので、時々、私に話しかけているのかと思うことがある。もっと静かにしゃべってくれないかな…せめて、他の人に話しかけているのではない時ぐらいは。

**解説**

- working next to me「私の隣で働いている」は The person「人」を修飾している。この文の動詞は talks。work は「働く、仕事をする」という動詞。
- talk to ~ は「~に話をする、~に話しかける」。talk to oneself は「自分に話しかける→独り言を言う」。
- I sometimes think ~ は「時々~と思うことがある」。
- I wish she would speak more softly は「彼女がもっと静かにしゃべってくれたらいいのになあ」。more は「もっと」。
- at least when ~ は「少なくとも~の時ぐらいは」。

**語彙**

| | | | | | |
|---|---|---|---|---|---|
| person | 人 | next to ~ | ~の隣に | often | しばしば |
| talk | 話す | loudly | 大声で | speak | (~を)話す |
| softly | 静かに | other | 他の | people | 人々 |

# Q15

日目

〈そんなに言うんなら…〉

My family usually says, "Anything," when I ask them what they want for dinner. But, if they don't like the dish, they complain. So they shouldn't say, "Anything," should they?

（ストレスがたまり気味な主婦）

## この人が腹を立てている原因は？

- Ⓐ 家族の好き嫌いが多いから。
- Ⓑ 家族が食事の準備を手伝ってくれないから。
- Ⓒ 家族が結局は食事の献立に文句を言うから。

# A15

### ● 家族が結局は食事の献立に文句を言うから。

**和訳**

うちの家族は、夕食に何を食べたいか聞くといつも「何でも」と言うくせに、おかずが気に入らないと文句を言う。だったら「何でも」なんて言うべきじゃないわよねえ？

**解説**

- "Anything." は「何でも、どんな物でも」。いつもこの返事では相手に「意見のない人」と思われるので、なるべく How about sushi?「お寿司はどう？」などと提案に参加した方がよい。
- what ~ want for dinner は「~は夕食に何を食べたいか」。breakfast/lunch「朝食／昼食」の時も同じ。
- if they don't like the dish は「もしおかずが気に入らなければ」という条件を表す。この場合の like は「~を好む」という動詞。ふだんのことなので動詞 complain「文句を言う」は現在形になっている。
- they shouldn't say ~, should they? は「彼らは~なんて言うべきではないよね？」という付加疑問文。should は「~すべきである」。

**語彙**

| family | 家族 | anything | 何でも | dinner | 夕食 |
|---|---|---|---|---|---|
| dish | 料理 | complain | 文句を言う | | |

# Q16

日目

〈偉大なる母〉

My mother often says she has trouble concentrating, but her powers of concentration at the cash register are amazing. She never misses mistakes made by the cashier.

(いつも別のレジに並ぶ息子)

実際のところ、お母さんの集中力は?

- Ⓐ まったくない。
- Ⓑ すごい時もある。
- Ⓒ 常にすごい。

# A16

**B** すごい時もある。

### 和訳

うちの母は集中力がないとよく自分で言っているが、レジでの彼女の集中力にはびっくりさせられる。レジ係のミスは絶対見逃さないんだから。

### 解説

- have trouble ~ing は「~するのに苦労する、~するのが苦手だ」。
- powers of concentration は「集中力」。
- her powers of concentration のように、複数名詞と単数名詞 が of でつながっている場合は、続く動詞の形は of の前の名詞に合わせる。ここでは her powers が複数なので、動詞は are になる。
- amaze「~を驚かせる」が amazing「驚くべき」になるように、動詞の中には現在分詞形(~ing形)で形容詞的に使われるものもある。
  e.g. This book is **interesting**. (この本は興味深い)
- made by the cashier は mistakes を修飾しているので、mistakes made by the cashier は「レジ係のミス」。「間違える」は make a mistake。

### 語彙

| | | | |
|---|---|---|---|
| trouble | 問題 | concentrate | 集中する |
| power | 力 | concentration | 集中 |
| cash register | レジ | amazing | 驚くべき |
| never | 決して~ない | miss | ~を見逃す |
| mistake | 間違い | make | ~を作る |
| cashier | レジ係 | | |

# Q17

日目

〈ある父からの手紙〉
Dear Daughter,

Even if you just want me to buy you something, I'm very happy when you are nice to me.

Your doting father

(匿名希望)

このお父さんが幸せを感じる瞬間はいつ?

- **A** 娘に何かを買ってあげる時。
- **B** 娘が何かを買ってくれた時。
- **C** 娘が優しく接してくれる時。

# A17

### C 娘が優しく接してくれる時。

**和訳**

親愛なる娘へ

たとえ何か買ってほしいだけだとしても、お前が優しくしてくれるととても嬉しいんだ。

親バカな父より

**解説**
- Even if you just ~ は「たとえ単にあなたが~だとしても」。even if ~ は「たとえ~でも」という譲歩を表す接続詞。
- want (人) to ~ は「(人)に~してほしい」なので want me to buy you something は「私に何かを買ってほしい」。
- I'm very happy when ~ は「~の時はとても嬉しい」。be nice to ~ は「~に優しくする、親切にする」。

**語彙**

| | | |
|---|---|---|
| dear 親愛なる | daughter 娘 | happy 嬉しい |
| nice 親切な | doting 親バカな | |

# Q18

日目

〈母の謎〉

My mother is a walking gossip show. Even though she is very busy with her job and housework, she usually knows the latest scandals. She must have an antenna somewhere on her body.

(たっくん)

このお母さんはどんな人？

- Ⓐ 一日中テレビを見ている。
- Ⓑ 有名人のスキャンダルにしか興味がない。
- Ⓒ 忙しいのにゴシップに詳しい。

# A18

### ⓒ 忙しいのにゴシップに詳しい。

#### 和訳
うちの母は、歩くワイドショーだ。仕事と家事でとても忙しいというのに、いつも最新のスキャンダルを知っている。きっと、体のどこかにアンテナがついているに違いない。

#### 解説
- **a walking gossip show**「歩くワイドショー」でうわさ好きだということを誇張している。a walking ~ は「歩く~」。
  e.g. a walking dictionary（生き字引＝物知りの人）
- **even though ~** には even if ~「たとえ~でも」と同様の意味もあるが、ここでは「~であるけれども」という意味で使われている。
- **be busy with ~** は「~で忙しい」。~には普通、名詞(句)などが来る。
- **latest** は late「最近の」の最上級で、「最新の」という意味。
- **must** はここでは「~に違いない」の意味で使われている。

#### 語彙
| | | | |
|---|---|---|---|
| walk | 歩く | gossip show | ワイドショー |
| busy | 忙しい | job | 仕事 |
| housework | 家事 | scandal | スキャンダル |
| antenna | アンテナ | body | 体 |

# Q19

日目

①〈うちのおじいちゃん〉
My grandfather has difficulty hearing only when he doesn't want to listen.　　（正直な孫）

②〈ちょっと毛深いボス〉
When I visited my parents, I found my dog sitting in my father's chair with my father sitting on the floor beside him.　　（遠距離手下）

②: 父は犬のことをどう思っているだろうか？

Ⓐ かわいくてたまらない。
Ⓑ 大嫌い。
Ⓒ 特に関心はない。

# A19

## Ⓐ かわいくてたまらない。

**和訳・解説・語彙**

①うちのおじいちゃんは都合が悪い時だけ耳が遠くなります。

- have difficulty (in) ~ing は「~するのが困難だ、~するのは大変だ」。
- when he doesn't want to listen は「聞きたくない時」。only when ~ は「~の時だけ」。

| | | | |
|---|---|---|---|
| grandfather | 祖父 | difficulty | 困難 |
| only | ~だけ | listen | (注意して)聞く |

②帰省した時に見たものは、父のイスの上に座っているうちの犬と、その横で床に座っている父だった。

- find ... ~ing は「…が~しているのに気づく」。
- with my father sitting on ~「父は~に座った状態で」のように with + (人・物) + 現在/過去分詞「(人・物)が~の状態で」は、状況の説明をする時などによく使われる。

| | | | | | |
|---|---|---|---|---|---|
| visit | ~を訪ねる | dog | 犬 | sit | 座る |
| chair | イス | floor | 床 | beside | ~のそばに |

# Q20

日目

① 〈レディのつぶやき〉
Every time I look down at my waistline,
I realize we can't defy gravity.
（匿名希望）

② 〈素直だった幼少時代〉
When I was a child, I thought my mother's name was Oi and my father's name was Anata, because this was how they addressed each other.
（昔は素直だった）

②: 子どもの頃の思い出とは？

Ⓐ 両親の名前を間違えて覚えていた。
Ⓑ 住所を間違えて覚えていた。
Ⓒ あだ名が自分の名前だと思っていた。

# A20

### Ⓐ 両親の名前を間違えて覚えていた。

**和訳・解説・語彙**

①自分のウエストラインを見るたびに、重力には勝てないなぁ…と思う私。

- every time ~ は「~するたびに」という意味の接続詞。
- look at ~ は「~を見る、~に注目する」。waistline「腰回り」は下を向かないと見えないので、down「下を」を入れて look down at ~「~を見下ろす」にする。
- defy gravity は「重力に逆らう」。つまり、腰回りの肉がたるんでいるということ。

| | | | |
|---|---|---|---|
| look down at ~ | ~を見下ろす | waistline | ウエストライン |
| realize | ~を実感する | defy | ~に逆らう |
| gravity | 重力 | | |

②子どもの頃は、母の名前は「おい」で、父の名前は「あなた」だと思っていた。だって、お互いにそう呼び合っていたから。

- When I was a child, I thought ~ は「子どもの頃は、~だと思っていた」。
- this was how ~ は「これが~するやり方だった、こういうふうに~していた」。because ~ は「なぜなら~だから」と理由を表す接続詞。
- 長い文だが、child, と Oi と Anata, のところで切って4つに分けて読むとわかりやすい。

| | | | | | |
|---|---|---|---|---|---|
| child | 子ども | name | 名前 | address ~ | ~と呼ぶ |
| each other | お互いに | | | | |

# Q21

日目

①〈買い物に行くなら…〉
I usually go grocery shopping after nine because some things are half price.

(夜行性倹約家)

②〈父の口癖〉
When he is drunk, my father usually says, "I wish you would get married at least once." That's why I don't want to drink with him.

(一番行きたいのはワタシ)


②: お父さんの娘への願いは何？

- Ⓐ 一緒に飲みに行ってほしい。
- Ⓑ 再婚してほしい。
- Ⓒ 結婚してほしい。

# A21

### ● 結婚してほしい。

**和訳・解説・語彙**

①食料の買い出しに行くのは、いつも21時過ぎ。だって、半額になる物もあるから。

- go ~ shopping は~に買う物を入れて「~を買いに行く」という意味を表す。
  e.g. go **clothes** shopping「**洋服**を買いに行く」
- after + (数字) は「(数字)時過ぎ」。
- some things are half price は「半額の物もある」ということ。

| | | |
|---|---|---|
| grocery 食品雑貨類 | thing 物、事 | half price 半額 |

②うちの父は、酔っぱらっている時にはいつも「お前が一度でもいいから嫁に行ってくれたらなあ」とぼやくので、一緒にお酒は飲みたくない。

- at least once は「少なくとも一度は、一度くらいは」
- that's why I don't want to ~ は「そんなわけで~したくない」。一緒に飲むと結婚の話になるから、父親と一緒にお酒を飲みたくないということ。that's why ~ は「そんなわけで~だ」。
- drink には「普通の飲み物を飲む」という意味もあるが、単独の場合、「お酒を飲む」という意味で使われることが多い。drink with (人) は「(人)と一緒にお酒を飲む」。

| | |
|---|---|
| drunk 酔っぱらった | drink お酒を飲む |

# Q22

①〈うちの娘ときたら…〉
My daughter, who is a college student, calls us only when she needs money.

(スネが折れそうな親)

②〈母強し〉
My teacher visited our home today, but he couldn't say much because my mother kept talking and talking as if she were the teacher.

(無口な娘)

②: 家庭訪問での先生の様子は？

🅐 あまりしゃべらなかった。
🅑 1人でしゃべりまくっていた。
🅒 母との話がはずんでいた。

# A22

## Ⓐ あまりしゃべらなかった。

**和訳・解説・語彙**

①うちの娘は大学生なんだけど、お金がいる時だけしか電話をかけてこない。

- 主語は My daughter で動詞は calls。who is a college student「大学生の」は先行詞 My daughter「うちの娘」を修飾している。
- call (人) only when ~ は「~の時だけ(人)に電話をかける」。

| college （単科）大学 | need ~を必要とする | money お金 |
|---|---|---|

②今日は家庭訪問だったが、うちの母が、自分の方が教師であるかのように延々としゃべっていたので、先生はあまり発言できなかった。

- 「家庭訪問」という学校行事を My teacher visited our home「先生がうちに訪ねて来た」で表している。
- couldn't say much は「あまり発言できなかった」。much「多量、たくさん」は、このような否定文や疑問文などで使われることが多い。
- keep ~ing は「~し続ける」。ここでは、keep ~ing and ~ing と同じ語句を続けることによって強調している。keep talking and talking は「延々と話し続ける」。
- as if ~「まるで~のように」の後は現実ではないことを仮定しているので、動詞は過去形 were になっている。

| teacher 教師、先生 | today 今日 | keep ~を続ける |
|---|---|---|

# Q23

日目

①〈相変わらずの人生〉
I feel like I've been saying, "I ate too much," for the last ten years.           (じんじー)

②〈うちのマナー娘〉
My daughter usually leaves her cell phone on silent mode and never answers it. It annoys me a lot. I really wonder what her cell phone is for.
(いらちな母)

②: どうしてこの母親は怒っている?

Ⓐ 娘が電話をかけてこないから。
Ⓑ 娘が帰ってこないから。
Ⓒ 娘が電話に出ないから。

# A23

### ⓒ 娘が電話に出ないから。

**和訳・解説・語彙**

①「食べすぎた」。いつも言ってるここ10年。

- I feel like ~ は「~のような気がする」。
- eat too much は「食べすぎる」。ate「~を食べた」は eat「~を食べる」の過去形、too much は「過剰な量」。
- I've been saying ~ for the last ten years. は「ここ10年間~と言い続けている」。have been saying「言い続けている」は継続を表す現在完了進行形。for the last ~ years は「ここ~年間」。

| | | | | | |
|---|---|---|---|---|---|
| eat | ~を食べる | last | すぐ前の | year | 年 |

②うちの娘ったら、いつも携帯をマナーモードにしていて、電話に出やしない。まったくイライラするわ。本当に、何のための携帯なんだか。

- leave one's cell phone on silent mode は「携帯をマナーモードにしておく」。leave ~ ... は「~を…の状態にしておく」。
  e.g. leave the door open(ドアを開けたままにしておく)
- It annoys me a lot. は「そのことが私をすごくイライラさせる→そのことですごくイライラする」。
- I wonder what ~ is for? は「~は何のためなのかしら?」という間接疑問文。直接疑問文なら What is ~ for?「~は何のため?」となる。really「本当に」は wonder「~かしらと思う」を強調している。

| | | | | |
|---|---|---|---|---|
| leave | ~にしておく | cell phone | 携帯 |
| silent mode | マナーモード | answer | (電話に)出る |
| annoy | イライラさせる | a lot | 大いに |
| wonder | ~かしらと思う | | |

# Q24

日目

①〈こんなのアリ？〉
My wife saves a lot of money on my clothes, and spends it all on her expensive labels.

(働きバチ)

②〈娘の成長を感じる瞬間〉
My daughter used to say she was going to get married to her father. Now they rarely talk, and she says she would never marry a man like him.

(女系家族)

②: 娘の現在の心境は？

Ⓐ 父親みたいな人と結婚したい。
Ⓑ 父親みたいな人とは結婚したくない。
Ⓒ 絶対に結婚はしたくない。

# A24

**Ⓑ** 父親みたいな人とは結婚したくない。

和訳・解説・語彙

①妻は私の衣服代で節約したくさんのお金を、自分の高価なブランド物につぎ込んでいる。

- a lot of money は「たくさんのお金」。a lot of ~ は「たくさんの~」。
- save money on ~ は「~代を節約する」。spend money on ~ は「~にお金を使う」。ペアで覚えるとよい。
- spends it all on her expensive labels は「その全部を自分の高価なブランド物につぎ込む」。it は「私の衣服代を節約してためたたくさんのお金」を表す。

| spend ~を使う | expensive 高価な | label ブランド物 |
|---|---|---|

②かつては「お父さんと結婚する」と言っていた娘だが、今ではめったに父親とは話さず、「お父さんのような人とは絶対に結婚したくない」と言っている。

- be going to ~ は「~するつもりだ」という意志未来を表す。get married to (人) は「(人)と結婚する」。marry (人) でもよい。
- would never ~ は「絶対~するつもりはない、どうしても~しない」という強い拒絶の意志を表す。
- a man like ~ は「~のような人(男性)」。

| now 今では | rarely めったに~しない | man 男性 |
|---|---|---|

# Q25

日目

①〈なんでだろう？〉
My wife is a great cook, but for some reason, I'm in charge of cooking every day.

（一応大黒柱）

②〈いいとこだったのに…〉
Although I set my DVD player to record my favorite TV program, I missed the end because of an extended live baseball game. I should have set the timer longer.

（カワチポテト）

②: どうして録画に失敗した？

Ⓐ 番組の開始時間を間違えたから。
Ⓑ 番組の開始時間が遅れたから。
Ⓒ 予約ボタンを押し忘れたから。

# A25

### B 番組の開始時間が遅れたから。

和訳・解説・語彙

①とっても料理上手な妻。でも、なぜか毎日料理を作っているのは僕。

- a great ~ は ~ の部分に職業名などを入れて「すばらしい〜」と称える表現。この場合は、「妻はとても料理が上手」ということ。
- for some reason は「なぜか」。
- in charge of ~ing は「〜することを任されている」。

| cook | 料理人 | reason | 理由 |
|---|---|---|---|
| in charge of ~ | 〜を管理している | cooking | 料理 |
| every day | 毎日 | | |

②お気に入りのテレビ番組を録画しようとDVDプレイヤーのタイマーをセットしていたのに、野球中継の延長で(録画が途中で切れたため)、最後を見逃してしまった。録画時間をもう少し長く設定しとけばよかった。

- although は「〜とは言え、〜だけれども」という接続詞。
- set one's DVD player to record は「DVDプレーヤーの録画セットをする」。
- because of ~ は「〜のために」の次には名詞(句)などが来る。
- I should have + 過去分詞 は「〜すべきだった(のにしなかった)」。

| set | (機械、器具などを)用意する、調整する | record | 〜を録画する |
|---|---|---|---|
| favorite | お気に入りの | program | 番組 |
| end | 最後 | extended | 延長された |
| live | 生放送の | baseball | 野球 |
| game | 試合 | timer | タイマー |

# Q26

①〈勝手な夢〉

When I was a child, I really wanted to become a grown-up as soon as possible. Now that I'm a grown-up, I wish I could be a child again.

(空想家)

②〈想定外の結果〉

I planned to save money by shopping at the hundred-yen shop, but I ended up spending more than usual because I bought too many cheap things I really didn't need.

(実は浪費家)

②: 節約計画が狂ったのはなぜ？

Ⓐ 結局いつものスーパーに行ったから。
Ⓑ 高価な物を買ったから。
Ⓒ 余計な物を買ったから。

# A26

**©** 余計な物を買ったから。

**和訳・解説・語彙**

①子どもの時は、少しでも早く大人になりたいと強く望んでいた。大人になった今では、もう一度子どもに戻りたいと思っている。

- When I was a child, I wanted to become ~ は「子どもの頃は〜になりたかった」。
- as soon as possible は「できるだけ早く」。as ~ as possible は「できるだけ〜」。
- now that ~ は「〜した今となっては」という接続詞。
- I wish I could be ~ は「〜になれたらいいのに」という実現しがたい願望を表している(仮定法)。

| grown-up | 大人 | soon | 早く | possible | 可能な |
|---|---|---|---|---|---|
| again | 再び | | | | |

②100円ショップで買い物をすることによって倹約しようと思っていたが、安いけど不必要な物をたくさん買いすぎてしまったので、結局はふだんよりも多くのお金を使ってしまった。

- save money by ~ing は「〜することによって倹約する」。
- more than usual は「いつもより多く」。more の後には money が省略されている。
- too many は「多すぎる」。too は「あまりに」。I really didn't need「まったく必要なかった」は前の things「物」を修飾している。

| plan to ~ | 〜するつもりである | end up ~ | 結局〜になる |
|---|---|---|---|
| usual | いつものこと | cheap | 安い |

# Q27

日目

①〈ちょっと損した気分…〉
I like all-you-can-eat restaurants, but the problem is I can't usually get my money's worth because I'm not a big eater.

（大食い志望）

②〈母の思い子知らず〉
Our son has a huge appetite, so whenever we eat out, I have him eat big rice balls or snacks before we leave. Otherwise, the bill at the restaurant would be scary!

（こうたんの母）

②: 息子におにぎりなどを食べさせるのはどんな時？

**A** 息子の食欲があまりない時。
**B** 外食する前。
**C** レストランに行った時。

# A27

### B 外食する前。

**和訳・解説・語彙**

①バイキング形式のレストランは好きなんだけど、問題は少食なので元が取れないことだ。

- I like ~, but ... は「~は好きなのだが…」ということ。
- the problem is ~ は「問題は~である」と問題を定義する時に使う。
- get one's money's worth は「元を取る」ということ。

| | | | |
|---|---|---|---|
| all-you-can-eat | バイキング形式の | restaurant | レストラン |
| problem | 問題 | worth | 価値 |
| big eater | 大食家 | | |

②うちの息子は食欲旺盛なので、外食をする時にはいつでも、出かける前に大きなおにぎりやスナック菓子を食べさせるようにしている。そうでもしないと、レストランの勘定書が恐ろしいことになるだろうから!

- have a huge appetite は「食欲が旺盛だ」。
- have + (人) + 動詞の原形 は「(人)に~をさせる、してもらう」。同じ使役でも、make + (人) + 動詞の原形 のように強制的な意味はない。
- the bill at the restaurant は「レストランの勘定書」で would be scary「恐ろしいだろう」の主語。息子の食欲が旺盛だから、空腹のままレストランに連れて行くとお金がいくらあっても足りないということ。would は「恐らく~だろう」という推測・可能性を表す。

| | | | | | |
|---|---|---|---|---|---|
| son | 息子 | huge | 巨大な | appetite | 食欲 |
| eat out | 外食する | rice ball | おにぎり | snack | スナック菓子 |
| otherwise | さもなければ | bill | 勘定書 | scary | 恐ろしい |

# Q28

日目

〈旅行けば…〉

One of my pleasures during a trip is trying different kinds of food in souvenir shops. It's fun to look around the shop thinking about what I'll eat. However, I sometimes eat too much before a meal and can't enjoy everything served, so I try to go to souvenir shops after dinner.

(食いしん坊バンザイ)

この人の旅の楽しみとは？

Ⓐ いろいろなおみやげを買うこと。
Ⓑ ぜいたくな食事をすること。
Ⓒ みやげ物屋で試食をすること。

# A28

### 🄲 みやげ物屋で試食をすること。

**和訳**

私にとって旅の楽しみの1つは、みやげ物屋でいろんな種類の食べ物を試食することだ。何を食べようかと考えながら店の中を見て回るのは楽しい。でも時々、食事前に食べすぎて出された食事をすべて味わえないことがあるので、みやげ物屋には夕食後に行くようにしている。

**解説**

- one of my pleasures は「楽しみの1つ」。主語が one「1つ」なので、続く動詞は単数形 is になる。
- think about ~ は「~について考える」。what I'll eat は「何を食べるか」。
- everything served は「出された物全部」。served「(食事に)出された」が everything「すべての物」を修飾している。try to ~ は「~しようと試みる」。

**語彙**

| | | | |
|---|---|---|---|
| pleasure | 楽しみ | during | ~の間に |
| trip | 旅行 | different | 種々の |
| kind | 種類 | food | 食べ物 |
| souvenir | おみやげ | fun | 楽しい |
| look around | いろいろ見て回る | meal | 食事 |
| enjoy | ~を楽しむ | everything | すべての物 |
| served | 出された | | |

# Q29

日目

〈あつかましいカン違い？〉

When I put on my favorite skirt, it seemed smaller. At first, I thought it had shrunk in the wash, but later I discovered the shocking truth: it hadn't gotten smaller—I had gotten bigger.

（ダイエット中）

この人は何についてカン違いした？

- **Ⓐ** スカートが小さくなった原因。
- **Ⓑ** 自分のスカートのサイズ。
- **Ⓒ** お目当てのスカートの値段。

# A29

## A スカートが小さくなった原因。

### 和訳

お気に入りのスカートをはいたら、小さくなったように見えた。最初は洗濯で縮んだのかと思ったが、後から衝撃的な事実に気がついた。スカートが縮んだのではない…私が太ったのだった。

### 解説

- it seemed smaller は「(以前)よりも小さく見えた」ということ。it は my favorite skirt を指している。seem は「〜のように見える」。
- At first, I thought ~, but later I discovered ... は「最初は〜と思っていたけど、後になって…ということがわかった」。
- it hadn't gotten smaller の it は my favorite skirt のこと。
- get + 形容詞の比較級 は「より〜になる」。get smaller は「より小さくなる」で、get bigger は「より大きくなる」。

### 語彙

| | | | |
|---|---|---|---|
| put on ~ | 〜を身につける | skirt | スカート |
| small | 小さい | shrink | 縮む |
| wash | 洗濯 | later | 後で |
| discover | 〜を発見する | shocking | 衝撃的な |
| truth | 真実 | | |

# Q30

日目

〈ドアを開けたら…〉

I turned on the air-conditioner before going shopping to ensure my room would be cool when I got home. However, when I came home, my room was like a sauna. I must have pressed the wrong button.

(ドジ子)

帰った時に部屋が暑かった理由は？

- Ⓐ エアコンが壊れていた。
- Ⓑ エアコンのスイッチを入れ忘れた。
- Ⓒ エアコンのスイッチを押し間違えた。

# A30

### ⒸＣ エアコンのスイッチを押し間違えた。

#### 和訳
買い物に行く前に、帰宅した時には部屋が涼しくなっているように、エアコンをつけておいた。ところが、帰ってみると、部屋はまるでサウナのようだった。違うボタン（暖房用）を押してしまったに違いない。

#### 解説
- before ~ing は「〜する前に」で、before going shopping は「買い物に行く前に」。get home は「家に着く、帰宅する」。
- to ensure ~ home は turned on the air-conditioner「エアコンをつけた」の目的を表す副詞句。「帰宅した時部屋が涼しくなっているようにエアコンをつけた」ということ。
- I must have + 過去分詞 は「〜してしまったに違いない」。press the wrong button は「違うボタンを押す」。

#### 語彙

| | | | |
|---|---|---|---|
| turn on ~ | 〜をつける | air-conditioner | エアコン |
| ensure | 〜を確実にする | room | 部屋 |
| cool | 涼しい | sauna | サウナ |
| wrong | 間違った | | |

# Q31

〈誰のための運動会?〉

I went to see my nephew's field day at his kindergarten. The children were small and cute, but the most striking thing was their parents' attitude. I'm sure they were much more excited than their kids.

(冷静なおば)

甥の運動会で一番印象的だったことは?

- Ⓐ 保護者たちの姿。
- Ⓑ 一生懸命な子どもたちの姿。
- Ⓒ 子どもたちのかわいらしさ。

# A31

### Ⓐ 保護者たちの姿。

**和訳**

甥の幼稚園の運動会を見に行った。子どもたちはちっちゃくてかわいらしかったが、一番印象的だったのは、親たちの態度だった。彼らの方が子どもたちよりずっと熱くなっていたのは間違いない。

**解説**

- went to see ~ は「~を見に行った」。
- children は child「子ども」の複数形。the most striking thing was ~ は「一番印象的だったのは~だった」。the most striking は、striking「印象的な」の最上級。
- 複数名詞の所有を表す時は、parents' のように、一番後ろにアポストロフィーをつける。
- I'm sure ~ は「きっと~だ、~に決まってる」という確信を表す。
- much「ずっと」が more excited than ~ を強調しているので、「~よりずっと興奮して」という意味になる。

**語彙**

| | | | |
|---|---|---|---|
| nephew | 甥 | field day | 運動会 |
| kindergarten | 幼稚園 | cute | かわいい |
| striking | 印象的な | attitude | 態度 |
| sure | 確かな | excited | 興奮した |
| kid | 子ども | | |

# Q32

〈忘れてくれるな、俺の小さな願いは…〉
I know you are busy—I understand you sometimes get tired of doing the housework—so I can't tell you not to buy prepared food, but I wish you would at least arrange it nicely on a dish.

（亭主関白希望）

妻への願いは？

Ⓐ 毎日料理してほしい。
Ⓑ 惣菜を買わないでほしい。
Ⓒ 料理を出す時はお皿に盛ってほしい。

# A32

### 🄲 料理を出す時はお皿に盛ってほしい。

#### 和訳
君が忙しいことはわかってる…時には、家事にうんざりすることもあるだろう。だから、惣菜を買うなとは言えない。だけど、せめてそれをちゃんと皿に盛ってもらえないかな。

#### 解説
- I understand you sometimes ~ は「あなたが時に~することはわかっている」ということ。
- can't tell (人) not to ~ は「(人)に~するなとは言えない」。
- I wish you would at least ~ は「あなたがせめて~してくれたらいいんだけど」ということ。
- arrange it nicely on a dish は「それをちゃんとお皿に盛る」。it は prepared food「惣菜」を指している。この場合の dish は「皿」という意味。

#### 語彙
| | | | |
|---|---|---|---|
| understand | ~を理解する | get tired of ~ | ~にうんざりする |
| prepared | 調理された | arrange | ~を配置する |
| nicely | きちんと | | |

# Q33

日目

〈うちでは毎日…〉

When I asked my father if he had any plans for Mother's Day, he said with a sigh, "Isn't every day Mother's Day?" I can understand why he feels that way: my mother is the biggest spender in our family.

（しっかり者の息子）

お父さんが母の日に消極的な理由は？

Ⓐ お母さんは浪費家だから。
Ⓑ お母さんはいつも高いプレゼントをほしがるから。
Ⓒ お母さんとケンカしてるから。

# A33

### A お母さんは浪費家だから。

**和訳**

父に母の日の予定は何かあるのかと聞いたら、「毎日が母の日なんじゃないの?」とため息をつきながら言った。そう思う父の気持ちはわかる。だって、うちの家族の中では、母が一番の浪費家なのだから。

**解説**

- ask (人) if ~ は「(人)に~かどうか聞く」。if (人) have/has any plans for ~ は「(人)に~の計画があるかどうか」。
- say with a sigh は「ため息混じりに言う」。
- Isn't every day Mother's Day?「毎日が母の日じゃないの?」は「~ではないのですか?」という否定疑問文。
- I can understand why + (主語) + (動詞) は「なぜ(主語)が~するのか理解できる」。
- feel that way は「そういうふうに感じる」。
- the biggest spender in one's family は「家族一の浪費家」。ふだん、お母さんが自分の買い物ばかりしているので、「毎日が母の日」のように感じるということ。

**語彙**

| | | |
|---|---|---|
| sigh ため息 | that way そんなふうに | spender 浪費家 |

# Q34

〈結婚指輪物語〉

My hands are bigger than my husband's, so when we were choosing our wedding rings at the jewelry store, I was embarrassed because the salesclerk passed each of us the wrong ring.

(つぶやき人知らず)

### この女性が宝石店で気まずい思いをしたのはなぜ？

- Ⓐ 頼んでいたのと違う指輪を渡された。
- Ⓑ 彼の指輪の方を渡された。
- Ⓒ 指輪を壊してしまった。

# A34

**B** 彼の指輪の方を渡された。

### 和訳

私の手は夫の手よりも大きいので、宝石店で結婚指輪を選んでいた時に、店員にそれぞれ相手の指輪を手渡されて気まずい思いをした。

### 解説

- bigger than ~ は「~よりも大きい」。husband's の後には hands が省略されている。
- I was embarrassed because ~ は「~なので恥ずかしかった」。
- pass each of us ~ は「私たち1人1人に~を手渡す」。
- the wrong ring は「違う指輪」。このカップルの場合は女性の指輪のサイズの方が大きいのに、店員がそれに気づかずに、男性に大きい方の指輪、女性に小さい方の指輪を渡してしまったということ。

### 語彙

| | | | |
|---|---|---|---|
| hand | 手 | choose | ~を選ぶ |
| wedding ring | 結婚指輪 | jewelry store | 宝石店 |
| embarrassed | 恥ずかしい | salesclerk | 店員 |
| pass | ~を手渡す | | |

# Q35

日目

〈時の経過とともに…〉
Before my friend married, I got very tired of listening to her talk about her boyfriend and their love story. Three years have passed since then, and now I'm listening to her complain about her husband.　　　　（いつもリスナー）

### 友人の話題とは？

- Ⓐ いつもノロケ話。
- Ⓑ いつも愚痴。
- Ⓒ 昔はノロケ話だったが、今は愚痴。

# A35

### 🄲 昔はノロケ話だったが、今は愚痴。

**和訳**

友人が結婚する前は、彼氏のことや恋愛話を聞かされてほとほとうんざりしていた。それから3年の月日が経ち、今ではダンナの愚痴を聞かされている。

**解説**

- Before my friend married は「友人が結婚する前は」。marry は「結婚する」という自動詞としても使われる。
- get very tired of ~ing は「~するのにほとほとうんざりする、飽き飽きする」。
- listen to (人) 動詞の原形 は「(人)が~するのを聞いてあげる」。
- ~ years have passed since then は「それから~年経った、それから~年になる」。

**語彙**

| | | | |
|---|---|---|---|
| friend | 友だち | boyfriend | 彼氏 |
| love story | 恋愛話 | since then | それ以来、あれから |

# Q36

〈小さなヘルパー〉

My three-year-old daughter started to help me with the housework recently. Although I usually have to redo her parts after she's done, I appreciate her kindness. I hope she will be a bigger help soon.

(早く楽したい母)

この文の主旨は？

- Ⓐ 娘はお手伝いが上手だ。
- Ⓑ 娘がお手伝いをしてくれるが、結局はやり直す。
- Ⓒ 娘はいつもお手伝いを嫌がる。

# A36

**B** 娘がお手伝いをしてくれるが、結局はやり直す。

### 和訳
3歳になるうちの娘が、最近家事のお手伝いをしてくれるようになった。彼女がやったことは後でもう一度やり直さなければならないのが常だが、彼女の親切には感謝している。早く、もっとお手伝いができるようになってくれたらいいな。

### 解説
- three-year-old「3歳の」のように「〇歳の」と言う時は、〇-year-old とハイフンでつなぐ。year は単数形にする。
- help (人) with ~ は「(人)の~を手伝う」。
- have to redo her parts は「彼女の担当分をやり直さなければならない」。
- after she's done は after she's finished her parts「彼女が自分の役目を終えた後で」ということ。
- I hope she will be ~ は「彼女が~になってくれたらいいな」という願望を表す。a bigger help は「もっと助けになる人」のこと。

### 語彙
| | | | |
|---|---|---|---|
| start | ~を始める | help | ~を手伝う、助け |
| recently | 最近 | redo | ~をやり直す |
| part | 役目 | appreciate | ~に感謝する |
| kindness | 親切 | hope | ~を望む |

# Q37

〈意外な素顔〉

This afternoon, I saw my boss, who usually sits back lazily in an armchair at work, struggling along behind his wife while carrying a dozen shopping bags. I guess he's not the one in charge at home.

(部下A子)

その日の午後、上司は何をしていた？

- Ⓐ 買い物をしていた。
- Ⓑ 荷物持ちをしていた。
- Ⓒ イスにいばって座っていた。

# A37

### B 荷物持ちをしていた。

**和訳**

今日の午後、ふだんは職場でひじかけイスにゆったり座っている上司が、たくさんの買い物袋を抱えて必死に奥さんの後ろについて歩いているところを見かけた。どうやら、家を仕切っているのは彼ではないらしい。

**解説**

- who usually ~ at work「ふだんは職場でひじかけイスにゆったり座っている」は、先行詞 my boss「うちの上司」を修飾している。
- メインの文は I saw my boss struggling along behind his wife.「上司が奥さんの後ろで奮闘しているところを見た」。
- while ~ bags は「すごい数の買い物袋を抱えながら」と struggling「奮闘している」の具体的な状況を表している。
- I guess ~ は「どうやら~のようだ」と推測を表す時に使う。
- the one in charge は「責任者、仕切る人」。

**語彙**

| | | | |
|---|---|---|---|
| boss | 上司 | sit back | 深く座る |
| lazily | なまけて | armchair | ひじかけイス |
| struggle | 奮闘する | along | 一緒に |
| behind | ~の後ろに | while | ~する間 |
| carry | ~を運ぶ | dozen | たくさんの、12の |
| shopping bag | 買い物袋 | guess | ~と推測する |

# Q38

〈たかが1キロ、されど1キロ〉
I had a checkup today. Unexpectedly, I was weighed with my clothes and shoes on, so of course the weight was heavier than normal. I really wanted to ask the nurse to reduce the weight by one kilogram to compensate.

(チャビー)

健康診断で、何があった？

Ⓐ ふだんより体重が重かった。
Ⓑ 体重がかなり増えていた。
Ⓒ 少し体重が減っていた。

# A38

### 🅐 ふだんより体重が重かった。

#### 和訳
今日は健康診断があった。思いがけなく、衣服や靴を着けたまま体重を量られたので、当然ながら、ふだんよりも体重が重かった。その分1キロ体重を減らしてほしいと看護師さんによっぽど頼もうかと思った。

#### 解説
- have a checkup は「健康診断がある」。a checkup「健康診断」は a physical とも言う。
- I was weighed. は「(誰かに)体重を量られた」。「自分で体重を量る」は weigh oneself と言う。
- with ~ on は「~を着た(身につけた)まま」。
- than normal は「通常より」ということ。
- I wanted to ask (人) to ~ は「(人)に~してと頼みたかった」。
- reduce the weight by one kilogram to compensate は「埋め合わせをするために1キロ体重を減らす」。服と靴で体重が増えた分として1キロを引くということ。この by は差を表す。

#### 語彙
| | | | |
|---|---|---|---|
| checkup | 健康診断 | unexpectedly | 思いがけなく |
| weigh | ~の重さを量る | shoes | 靴 |
| of course | もちろん | weight | 重さ |
| heavy | 重い | normal | 標準、常態 |
| nurse | 看護師 | reduce | ~を減らす |
| kilogram | キログラム | compensate | ~を補う |

# Q39

日目

〈父の嘆き〉

I often go on long business trips. I don't mind traveling so much, but it's really sad when my little son asks me who I am every time I return. Although he remembers Anpanman's face very well, he never remembers mine! (じんじー)

出張の嫌なところは？

- **Ⓐ** 移動がつらい。
- **Ⓑ** 家族に文句を言われる。
- **Ⓒ** 息子に顔を忘れられてしまう。

83

# A39

### 🅒 息子に顔を忘れられてしまう。

**和訳**

長期出張の多い僕。移動はそんなに苦にならないけど、帰るたびに幼い息子に「誰?」と聞かれるのは本当に悲しい。アンパンマンの顔はよく覚えているのに、僕の顔は思い出せないなんて!

**解説**

- go on a business trip は「出張する」。go on a ~ は「~する、~に行く」
  e.g. go on a hike (ハイキングに行く)　go on a date (デートに行く)
- I don't mind ~ing so much は「~するのは別に構わない、~してもあまり苦にならない」。not ~ so much は「あんまり~ない」。
- ask (人) who + (主語) + (be動詞) は「(人)に(主語)は誰か」と聞く。
- remember ~ very well は「~をとてもよく覚えている」。mine「私の物」は my face「私の顔」のこと。前に Anpanman's face「アンパンマンの顔」があるので、face をくり返すのを避けている。

**語彙**

| long | 長い | business trip | 出張 |
|---|---|---|---|
| mind | ~を気にする | traveling | 移動、旅行 |
| sad | 悲しい | little | 小さい |
| return | 戻る | remember | ~を覚えている |

# Q40

〈嫁の葛藤〉

My daughter is still very young, but she speaks in a country dialect. She gets it from my father-in-law, so I can't tell her not to use it. My husband enjoys listening to her, but I can't stop worrying about her future.　　　(悩める母)

お嫁さんの悩みとは？

- Ⓐ 舅が娘に甘すぎる。
- Ⓑ 娘が舅になつかない。
- Ⓒ 娘が舅から田舎ことばを覚える。

# A40

### 🄒 娘が舅から田舎ことばを覚える。

**和訳**

うちの娘はまだ幼いが、田舎ことばで話す。義理の父譲りなので、彼女にそれを使うなとは言えない。夫はそれを聞いて楽しんでいるようだが、私は彼女の将来が心配でたまらない。

**解説**

- speak in a country dialect は「田舎ことばで話す」。speak in (a) ~ は「~語で話す、~ことばで話す」。
- get ~ from (人) は「(人)に~を教えてもらう、(人)から~を覚える」ということ。
- can't tell (人) not to ~ は「(人)に~するなとは言えない」。
- enjoy ~ing は「~をして楽しむ」。enjoys listening to her は、「娘が(田舎ことばで)話しているのを聞いて楽しむ」ということ。
- can't stop ~ing は「~せずにはいられない」なので、can't stop worrying about ~ は「~が心配でたまらない」ということ。

**語彙**

| | | | |
|---|---|---|---|
| country | 田舎の | dialect | 方言 |
| father-in-law | 義理の父 | worry | 心配する |
| future | 将来 | | |

# Q41

日目

〈やっかいな遺伝子〉

My son is still a baby, but I think he likes women. He always cries if a male stranger holds him, but he usually smiles in female strangers' arms. He looks a lot like me, but in that respect he's very much like his father.

(今から心配な母)

息子は誰に似ている？

- Ⓐ 顔も性格も夫似。
- Ⓑ 顔は夫で性格は妻。
- Ⓒ 顔は妻で性格は夫。

# A41

### ⓒ 顔は妻で性格は夫。

**和訳**

うちの息子はまだ赤ん坊だが、女性好きみたいだ。知らない男性に抱っこされるといつも泣くくせに、相手が女性だといつもニコニコしている。顔は私によく似ているが、そういう点では父親に非常によく似ている。

**解説**

- be still a baby, but ~ は「まだ赤ん坊だが~」ということ。
- in one's arms は「~の腕の中で」。つまり抱かれている状態を表す。
- look a lot like ~ は「(外観が)~にとてもよく似ている」。a lot「大いに」で似ていることを強調している。
- in that respect「その点においては」は「女好きという点では」ということ。
- he's very much like his father は very much「非常に」が he's like his father「彼は父親に似ている」を強めている。

**語彙**

| baby | 赤ちゃん | woman | 女性 | cry | 泣く |
|---|---|---|---|---|---|
| male | 男性の | stranger | 見知らぬ人 | hold | ~を抱く |
| female | 女性の | arm | 腕 | respect | 点 |

# Q42

〈もしも願いがかなうなら…〉

Various foods often appear in my dreams, maybe because I love to eat. They usually look great, but sadly, I've never eaten them. Every time I reach for the food, I wake up. Just once I wish I could eat some before waking up.

(プチグルメ)

この人の願いとは？

- **Ⓐ** おいしい物をたくさん食べたい。
- **Ⓑ** 夢に出てくる食べ物を食べてみたい。
- **Ⓒ** 毎晩おいしい食べ物の夢を見たい。

# A42

### 🅑 夢に出てくる食べ物を食べてみたい。

**和訳**

私の夢の中には、よくいろんな食べ物が出てくる。たぶん、食べることが大好きだからだろう。夢に出てくる食べ物はとてもおいしそうなのに、悲しいことに、一度も食べたことがない。食べ物に手を伸ばすたびに目が覚めるのだ。たったの一度でいいから、目が覚める前にいくらか食べられたらいいのにな。

**解説**

- food は普通は数えられない名詞だが、複数の種類の食べ物を表す時は数えられる名詞として扱う。
- maybe because ~ は「たぶん~だからだろう」、love to ~ は「~するのが大好き」。
- sadly「悲しいことに」は副詞で、I've never eaten them「それらを食べたことは一度もない」を修飾している。them は「夢に出てくる食べ物」を指す。
- I've never + 過去分詞 は「~したことは一度もない」という経験を表す現在完了。
- Just once I wish I could ~ は「たったの一度でいいから~できたらいいのになあ」ということ。

**語彙**

| | | | |
|---|---|---|---|
| various | さまざまな | appear | 現れる |
| dream | 夢 | maybe | たぶん |
| sadly | 悲しいことに | reach for ~ | ~に手を伸ばす |
| wake up | 目を覚ます | | |

# Q43

日目

〈僕の受験生活〉

I was trying to study with my friend in the library, but I was so tired I fell asleep. My friend woke me up by poking me with his elbow. He told me I had been snoring. We were so embarrassed that we left the library and went home.

(E判定の受験生)

図書館で彼は何をした？

Ⓐ 眠ってしまった。
Ⓑ 1日中勉強した。
Ⓒ 読書を楽しんだ。

# A43

## A 眠ってしまった。

### 和訳

友だちと図書館で勉強しようとしたが、とても疲れていたので眠り込んでしまった。友だちにひじでつつかれて目が覚めたのだが、彼の話によると、僕はいびきをかいていたらしい。あまりにも恥ずかしかったので、僕たちは図書館を出て家に帰った。

### 解説

- was/were trying to ~ は「~しようとしていた」。
- I was so tired (that) I fell asleep.「あまりにも疲れていたので、眠り込んでしまった」は「あまりに~なので…」という so ~ that ... の構文。
- wake (人) up by ~ing は「~することによって(人)を起こす」。poke (人) with one's elbow は「ひじで(人)をつつく」。
- 「いびきをかいていた」のは He told me「彼が自分に話した」ことよりも前のことなので、動詞は過去完了進行形 had been snoring となっている。
- We were so embarrassed that ... も so ~ that ... の構文。「あまりにも恥ずかしかったので…した」ということ。

### 語彙

| | | | | | |
|---|---|---|---|---|---|
| study | 勉強する | library | 図書館 | tired | 疲れた |
| fall asleep | 眠り込む | poke | ~をつつく | elbow | ひじ |
| snore | いびきをかく | | | | |

# Q44

日目

〈夜な夜な恐怖の…〉

My wife usually makes long phone calls to her friends. Last night, she was on the phone for an hour with a friend whom she had just spent all afternoon with. I wonder what they were talking about for such a long time.

(電話代恐怖症)

## 夫がびっくりしているのはなぜ？

- Ⓐ 昼間一緒だった友だちと、夜も長電話してるから。
- Ⓑ 昼間、ずっと長電話してるから。
- Ⓒ 1時間も電話で話しているから。

# A44

**A** 昼間一緒だった友だちと、夜も長電話してるから。

### 和訳
いつも友だちと長電話をしている妻。昨日の晩なんて、午後の間中一緒だった友だちと1時間も電話で話していた。そんなに長時間、2人で何を話していたのだろう。

### 解説
- make a phone call to ~ は「~に電話をかける」。「長電話をする」は make a long phone call。
- for an hour「1時間」の for は時間や期間の長さを表す。
- 関係代名詞 whom から with までが先行詞 a friend を修飾し、「午後をずっと一緒に過ごした友だち」という意味になる。
- I wonder ~ は「~かしらと思う」で、I wonder what they were talking about は「彼らは何を話していたんだろうと思う」。
- for such a long time は「そんなに長い間」。

### 語彙
| | | | |
|---|---|---|---|
| phone call | 電話をかけること | last night | 昨夜 |
| on the phone | 電話中で | such | そのような |

# Q45

日目

〈うちの娘がほしい物〉

When I asked my daughter what she wanted for her birthday, she answered quickly. "Well, I want an older brother who looks like Harry Potter," she said, "Can you have a baby for me?" "Oh honey!" I replied. "I wish I could, but that's absolutely impossible."

（夫も私も純日本人）

娘が誕生日にほしい物とは？

Ⓐ ハリー・ポッターのような弟。
Ⓑ ハリー・ポッターのような兄。
Ⓒ ハリー・ポッターの本。

# A45

### B ハリー・ポッターのような兄。

**和訳**

娘に「誕生日には何がほしい?」と聞いたらすぐに答えが返ってきた。
娘「え〜と、ハリー・ポッターみたいなお兄ちゃんがほしい。私のために産んでくれる?」
私「愛しい娘よ。できることならそうしてあげたいけど、それは、絶対無理やなあ」

**解説**

- I asked my daughter what she wanted for her birthday は「私は娘に誕生日には何がほしいかと尋ねた」という間接疑問文。ask (人) what (人) want(s) for ~ は「〜には何がほしいかと(人)に聞く」。
- who looks like Harry Potter は前の an older brother にかかっている。「ハリー・ポッターに似たお兄ちゃん」ということ。
- Can you ~? は「〜してくれる?」と人に気軽にお願いする時の言い方。
- honey「君、あなた」は普通、恋人や配偶者、子どもなど、自分が愛する人に呼びかける時に使う。
- I wish I could, but ...「そうできたらいいんだけど…」は何かを断る時に使うフレーズ。

**語彙**

| | | | |
|---|---|---|---|
| birthday | 誕生日 | quickly | すぐに |
| (older) brother | 兄 | have a baby | 子どもを産む |
| honey | あなた | reply | 答える |
| absolutely | 絶対に | impossible | 不可能な |

# Q46

日目

〈○○らぬ上司の皮算用〉

After the meeting, the general manager suggested eating out together. We assumed our dinner would be on him, but he only paid for himself! If I had known sooner, I wouldn't have had so much to eat and drink!

（こんなボスを持つ部下）

この人がたくさん飲み食いしたのを後悔しているのはなぜ？

- **A** 食べすぎて体重が増えたから。
- **B** 飲みすぎて気分が悪くなったから。
- **C** 自腹だったから。

# A46

### ⓒ 自腹だったから。

**和訳**

ミーティングの後、部長がみんなでご飯を食べに行こうと提案した。てっきり夕食は部長のおごりだと思っていたのだが、彼は自分の分しか払わなかった! もっと早くわかっていれば、あんなに飲み食いしなかったのに!

**解説**

- suggest ~ing は「~しようと提案する」。
- ~ is/are on (人) は「~の費用は(人)が持つ」。on には「~のおごりで」という意味もある。
- pay for oneself は「自分の分を払う」。
- If I had known sooner, I wouldn't have had so much to eat and drink!「(食事代はワリカンであることを)もっと早く知っていたら、こんなに食べたり飲んだりしなかったのに!」は、「もし~だったら…だっただろうに」という仮定法過去完了の文。
- so much to eat and drink は「そんなに多くの飲食物」という意味。

**語彙**

| | | | |
|---|---|---|---|
| meeting | ミーティング | general manager | 部長 |
| suggest | ~を提案する | together | 一緒に |
| assume | ~と想定する | pay | 代金を払う |

# Q47

日目

〈のせられて〉

After our end-of-year party, we went to karaoke. Everybody encouraged me to sing, so I went first. But while I was singing, everybody else was busy choosing their songs—they weren't listening to me at all. What a waste of effort!

（ボーカルキング）

この人が怒っているのはなぜ？

- Ⓐ 自分の十八番を他の人に歌われたから。
- Ⓑ 自分の歌を誰も聞いていなかったから。
- Ⓒ 自分の歌を笑われたから。

# A47

**B 自分の歌を誰も聞いていなかったから。**

### 和訳

忘年会の後、カラオケに行った。みんなが僕に歌うように勧めるので一番最初に歌ったのだが、僕が歌っている間、他のみんなは自分の曲を選ぶのに忙しくて、僕の歌なんてまったく聞いていなかった。熱唱して損した!

### 解説

- encourage (人) to ~ は「(人)に~するように勧める」ということ。
- while I was ~ing は「私が~していた間」。
- everybody else は「他のみんな」。be busy ~ing は「~するのに忙しい」。
- not ~ at all は「全然~ない」。they weren't listening to me at all は「彼らは自分の歌をまったく聞いていなかった」ということ。
- What a ~! は「なんて~なんだろう!」という感嘆文。waste of effort は「ムダな努力」。

### 語彙

| | | | |
|---|---|---|---|
| end-of-year party | 忘年会 | everybody | みんな |
| encourage | ~を勧める | sing | 歌う |
| go first | 最初にやる | else | 他に |
| song | 歌 | waste | ムダ |
| effort | 努力 | | |

# Q48

日目

〈こんなことで捕まったのは私です〉

Although I've never broken the speed limit, nor driven under the influence, I've received tickets for two minor traffic violations. The first time, I was stopped at a police checkpoint, where they discovered I wasn't wearing my glasses, and the second time, I was riding a motor scooter on the sidewalk.

(目指せゴールド免許!)

この人がやったことのないのはどれ?

- **A** 近視なのにメガネをかけずに運転した。
- **B** スピード違反をした。
- **C** スクーターで歩道を走った。

101

# A48

### B スピード違反をした。

#### 和訳

スピード違反も、飲酒運転もしたことがないのに、些細な交通違反で2回切符を切られたことがある。1回目は検問で止められた時にメガネをかけていないことがバレたからで、2回目はスクーターで歩道を走っていたから。

#### 解説

- I've never broken ~ は経験を表す現在完了の文で、ここでは「~を違反したことは一度もない」という意味。break には、「(法律・規則などを)破る」という意味もある。
- I've never ~ nor ... は「~をしたことも…をしたこともない」。nor は「~もまた…ない」という接続詞で、一般的に否定文に続いて使われる。
- drive under the influence は「飲酒運転をする」。
- minor traffic violation は「軽度の交通違反」。receive a ticket for ~ は「~で違反切符を切られる」。
- be stopped at a police checkpoint は「警察の検問で止められる」。wear one's glasses は「メガネをかける」。

#### 語彙

| | | | |
|---|---|---|---|
| break | ~を違反する | speed limit | 制限速度 |
| drive | 車の運転をする | under the influence | 酒に酔って |
| receive | ~を受け取る | ticket | (違反の)切符 |
| minor | 重要でない | traffic violation | 交通違反 |
| police checkpoint | 警察の検問所 | glasses | メガネ |
| second | 二番目の | ride | ~に乗る |
| motor scooter | スクーター | sidewalk | 歩道 |

# Q49

日目

〈大きくなったら…〉

When my mother sees a sign that says Maximum, Three Per Customer, she obeys it. But then, she just goes back and buys three more—from the same cashier! I wonder, will I be able to get away with that when I grow up?

(ゆきちゃん)

お母さんは「お一人様〜個」の貼り紙を見てどうする？

Ⓐ 完全に無視する。
Ⓑ 文句は言うが従う。
Ⓒ 従っているようで従っていない。

# A49

### ⓒ 従っているようで従っていない。

**和訳**

うちの母は、「お一人様につき3個まで」という貼り紙を見たらそれに従う。でも、それからすぐに戻って、またもう3つ買う。しかも(さっきと)同じレジで! 大人になれば、私もああいうことができるようになるのかな?

**解説**

- a sign that says ~ は「~と書いてある貼り紙」。テレビや新聞、雑誌などの情報も say「~と言っている(書いてある)」で表す。
- Maximum, Three Per Customer は「お一人様3個まで」ということ。
- goes back and buys three more は「(もう一度売場に)戻ってもう3個買う」ということ。つまり、3個という個数は守るが、また後で買いに行くので、結局は貼り紙の指示には従っていないことになる。
- I wonder, ~ は「~なのかなあ?」という感じ。Will I be able to ~ ? は「~することができるようになるだろうか?」。

**語彙**

| | | | |
|---|---|---|---|
| sign | 貼り紙 | maximum | 最大 |
| per ~ | ~につき | customer | 顧客 |
| obey | ~に従う | then | それから |
| go back | 戻る | same | 同じ |
| be able to ~ | ~できる | get away with ~ | ~をうまくやる |
| grow up | 大人になる | | |

# Q50

日目

〈これが私も歩む道？〉

I looked back because I heard someone aggressively asking for a discount in the supermarket—it was my mother! I was so embarrassed that I didn't talk to her and pretended to be a total stranger. Will I be like that when I get older?

(まだ控え目な娘)

スーパーで母を見かけた時、娘はどうした？

- **Ⓐ** 知らないフリをした。
- **Ⓑ** 声だけかけた。
- **Ⓒ** 一緒に買い物をした。

# A50

### Ⓐ 知らないフリをした。

**和訳**

スーパーで、誰かが強引に値引きを迫っているのが聞こえてきたので振り返って見たら、うちの母だった! あまりにも恥ずかしかったので、母には話しかけず、赤の他人のフリをした。私も年を取るとああなるのだろうか?

**解説**

- heard (人) ~ing は「(人)が~しているのが聞こえてきた」。
- aggressively「攻撃的に、強引に」は asking を修飾している副詞。aggressively ask for a discount は「強引に値引きを迫る」。
- I was so embarrassed that ~ は「とても恥ずかしかったので~」という so ~ that ... の構文。
- total「まったくの」は stranger「見知らぬ人」を強めている。complete「完全な」を同じように使うこともある。
- like that は「ああいうふうに」。この that は母親のことを指している。when I get older は「年を取れば」。

**語彙**

| | | | |
|---|---|---|---|
| look back | 振り返って見る | someone | 誰か |
| aggressively | 強引に | ask for ~ | ~を求める、要求する |
| discount | 割引 | supermarket | スーパーマーケット |
| pretend to ~ | ~のフリをする | total | まったくの |

# Q51

日目

〈ダイエットの成果はいかが？〉

My mother started taking slimming supplements a while ago. After a few months I asked her, "Are those slimming supplements working?" "Yes," she said. "But it's not me that's getting slimmer—it's my wallet."

（母のことを心配している娘）

お母さんのダイエットの成果は？

**Ⓐ** 大成功。
**Ⓑ** まあまあ。
**Ⓒ** 成功とは言えない。

# A51

### 🅒 成功とは言えない。

**和訳**

少し前からダイエットサプリメントを飲み始めた母。それから2〜3ヶ月後、「そのダイエットサプリメントの効果はある？」と聞いたら、「ええ」という返事が。「でもスリムになってるのは私じゃないわ…財布の方よ」

**解説**

- started taking ~ は「〜を飲み始めた」。「(薬やサプリメントなどを)飲む」と言う時には、このように take を使う。
- slimming supplements は「ダイエットするためのサプリメント」。
- after ~ month(s) は「〜ヶ月後」。
- Is/Are ~ working? は「〜は効いてる？」と尋ねる文。work には「効き目がある」という意味もある。
- it's not me that's getting slimmer は「スリムになっているのは私じゃない」という強調構文。get + 形容詞の比較級 は「より〜になる」。

**語彙**

| | | | |
|---|---|---|---|
| slimming | やせさせる | supplement | サプリメント |
| a while ago | 少し前に | a few | 2〜3の |
| month | 月 | wallet | 財布 |

# Q52

〈母のセールス撃退法〉

My mother is not good at dealing with salespeople on the phone, so whenever she gets a sales call, she pretends to be a high school student and says, "I'm sorry, but my parents are out right now." I think just saying, "I'm not interested," is easier.　　　（つぶやきB子）

お母さんのセールス撃退法とは？

- Ⓐ 何も言わずに電話を切る。
- Ⓑ 怒って説教をする。
- Ⓒ 高校生のフリをする。

# A52

### 🄲 高校生のフリをする。

#### 和訳
電話セールスの応対が苦手な母は、営業の電話がかかってくるたびに高校生のフリをして「すみませんが、今両親がいませんので」と言っている。ただ、「興味ありません」と言う方がカンタンだと思うけど。

#### 解説
- **be not good at ~ing** は「~するのが得意ではない」。
- **deal with ~**「~を相手にする」には、他にも「~を扱う」や「~と取引きをする」などいろいろな意味がある。
- **get a call (from ~)** は「(~から)電話が入る」。逆は **make a call (to ~)**「(自分から~に)電話をかける」。
- **I'm sorry, but ~ is/are out right now.**「すみませんが、~は今外出中です」は電話で話す時に使う。
- **saying ~**「~と言うこと」は動名詞で、is easier「よりカンタンである」の主語になっている。
- **I'm not interested.**「興味ありません」はサービスなどを断る時に使う。

#### 語彙
| | | | |
|---|---|---|---|
| be good at ~ | ~が得意である | deal with ~ | ~を相手にする |
| salespeople | 販売員 | sales call | 売り込みの電話 |
| out | 外出して | right now | ただ今 |
| interested | 興味を持った | easy | カンタンな |

# Q53

日目

〈オフィスdeダイエット？〉

My boss often paces around the office. Sometimes it's necessary, but in many cases, it seems like she is just wandering. I guess she doesn't notice how often she does it. I wish I could put a pedometer on her and check how many steps she takes in a day.

(万歩計を机にしのばす部下A子)

この上司がオフィス内をうろうろしているのはなぜ？

Ⓐ 特に深い意味はない。
Ⓑ 健康のため。
Ⓒ パトロールのため。

# A53

### ⓐ 特に深い意味はない。

#### 和訳

うちの上司はよくオフィスの中をうろうろと歩き回る。それが必要な時もあるが、多くの場合は、ただうろついているだけのように見える。どれだけ頻繁に歩き回っているか本人は気づいていないみたいだ。彼女に万歩計をつけて、1日に何歩歩いているのかチェックしてみたい。

#### 解説

- 落ちつきなく「うろうろと歩き回る」と言う時は pace around を使う。
- in many cases は「多くの場合」。
- it seems like ~ は「~らしい、~のようだ」。
- how often she does it は「彼女がどれだけ頻繁に歩き回っているか」ということ。この it は「オフィスの中をうろうろと歩き回ること」を表す。
- put ~ on (人) は「(人)に~をつける」。how many steps she takes in a day は「彼女が1日に何歩歩いているか」。

#### 語彙

| | | | |
|---|---|---|---|
| pace around | うろうろと歩き回る | office | オフィス |
| necessary | 必要な | case | 場合 |
| wander | さまよう | notice | ~に気づく |
| pedometer | 万歩計 | step | 歩(み) |

# Q54

〈通信教育〉

I was highly motivated when I applied for this correspondence course. However, as time goes by, the number of pages I read gets lower and lower—I haven't even opened the package for this month. I learned it's really hard to keep myself motivated for a long time. (3日坊主)

今月の通信講座の進み具合はどう?

- Ⓐ まったく何もしていない。
- Ⓑ 少ししかしていない。
- Ⓒ 完璧にやった。

# A54

### Ⓐ まったく何もしていない。

#### 和訳
この通信講座を申込んだ時にはとってもヤル気があったのに。時が経つにつれて、読むページ数はどんどん減っていき、今月の分なんて、包みを開けてもいない。長い間ヤル気を保つのは本当に難しいということがわかった。

#### 解説
- highly「非常に」は motivated「ヤル気のある」を修飾している。
- as time goes by は「時が経つにつれて」。この as は「～につれて」という接続詞。
- the number of pages I read「私の読むページ数」の I read「私の読む」は the number of pages「ページ数」を修飾している。
- gets lower and lower は「(読むページ数が)どんどん減っている」ということ。get + 比較級 + and + 比較級 は「どんどん～になる」。
- I haven't even opened ~ は「～を開けてさえいない」。
- keep oneself motivated は「自分のヤル気を持続させる」。keep oneself ~ は「自分をいつも～の状態にしておく」。

#### 語彙

| | | | |
|---|---|---|---|
| highly | 非常に | motivated | ヤル気のある |
| apply for ~ | ～に申込む | correspondence course | 通信講座 |
| go by | (時が)過ぎる | number | 数 |
| page | ページ | read | ～を読む |
| low | 少ない | open | ～を開ける |
| package | 包み | | |

# Q55

日目

〈若き日の夢〉

When I was a junior high school student, I wanted to be an actor. One day, I asked my mother to let me go to an audition. She was furious and asked my father to discourage me from going, but he calmly told me that he had also auditioned when he was my age. Like father, like son, I guess.　　（結局普通の会社員）

この人の希望を聞いた時の父親の反応は？

Ⓐ 激怒していた。
Ⓑ 怒りはしないが、否定的。
Ⓒ 肯定的。

# A55

### C 肯定的。

**和訳**

中学生の時、俳優になりたかった。ある日、母にオーディションに行くことを許してほしいと頼んだら激怒して、父に頼んでやめさせようとしたが、父は自分も同じぐらいの年の頃にオーディションを受けたと穏やかに言った。カエルの子はカエルのようだ。

**解説**

- asked my mother to let me go は「母に行かせてほしいと頼んだ」。let には「(人)のしたいことをさせてあげる、~することを許可する」という意味がある。
- discourage (人) from ~ing は「(人)が~するのを思いとどまらせる」。
- when he was my age は「父が自分ぐらいの年の頃」。audition は「オーディションを受ける」という動詞としても使われる。
- Like father, like son. は「この父にしてこの子あり」ということわざ。「カエルの子はカエル」ということ。

**語彙**

| | | | |
|---|---|---|---|
| junior high school | 中学校 | actor | 俳優 |
| let | ~させてあげる | audition | オーディション(を受ける) |
| furious | 激怒した | discourage | ~をやめさせる |
| calmly | 穏やかに | | |

# Q56

日目

〈どっちを選ぶ？〉

As I heard it might rain in the afternoon, I brought my umbrella to the office. But now the weather has cleared up and I have to go out to visit a client. I haven't put on sunscreen, so should I use my umbrella as a parasol or risk getting sunburned? It's a tough choice.

（お肌が気になる年頃）

## この人はなぜ悩んでいる？

- Ⓐ 雨が降りそうだから。
- Ⓑ 日焼けしたくないから。
- Ⓒ 顧客が訪ねてくるかもしれないから。

# A56

### 🅑 日焼けしたくないから。

#### 和訳

午後に雨が降るかもしれないと聞いたので、職場に雨傘を持ってきた。でも今はすっかり晴れていて、これから私は顧客に会うために外出しなければならない。日焼け止めを塗ってないので、雨傘を日傘として使うべきか、日焼けのリスクを負うべきか、難しい選択だ。

#### 解説

- As I heard ~ は「~と聞いたから」。この as は「~だから」と理由を表す接続詞。
- might は may「~かもしれない」の過去形。前が As I heard ~ と過去形なので、時制を合わせている。
- clear up は「晴れ上がる」。up はこのように動詞の後ろについて、「すっかり、残らず」という意味を表すことがある。
- use my umbrella as a parasol は「自分の傘を日傘として使う」。risk ~ing は「~する危険を冒す、あえて~する」。
- tough choice は「(選ぶのが)難しい選択」。日焼けするのは嫌だけど、雨傘をさすのも嫌だということ。

#### 語彙

| | | | |
|---|---|---|---|
| rain | 雨が降る | bring | ~を持ってくる |
| umbrella | 傘 | weather | 天気 |
| clear up | 晴れ上がる | client | 顧客 |
| sunscreen | 日焼け止め | parasol | 日傘 |
| risk | ~の危険を冒す | sunburned | 日焼けした |
| tough | 難しい | choice | 選択 |

# Q57

日目

〈せっかくのホメ言葉が…〉

I asked one of my friends if she had lost weight because she looked slimmer than before, but she answered that she hadn't. In fact, she said she had gained some weight! I didn't know what to say, so there was an uncomfortable silence between us. I guess I shouldn't have said anything. (災い口)

この人が気まずかったのはなぜ？

Ⓐ 事実はほめたことと逆だったから。
Ⓑ 逆にこっちがほめられたから。
Ⓒ 相手が怒り始めたから。

# A57

### A 事実はほめたことと逆だったから。

#### 和訳
友人の1人が以前よりもスリムに見えたので、やせたのかどうか聞いてみると、彼女はやせてないと答えた。それどころか、実際は太ったんだそうだ! 何て言ったらいいのかわからず、2人の間に気まずい沈黙が流れた。何も言うんじゃなかった。

#### 解説
- ask (人) if ~ は「(人)に~かどうか尋ねる」。lose weight は「体重が減る」。「体重が増える」は gain weight。
- look + 形容詞の比較級 は「より~に見える」。
- didn't know what to say は「何て言ったらいいのかわからなかった」。what to say は「何を言うべきか」。
- 「私たちの間に気まずい沈黙が流れた」は there was an uncomfortable silence between us で表す。
- shouldn't have said anything は「(言ってしまったけど)何も言うべきではなかった」ということ。

#### 語彙
| | | | |
|---|---|---|---|
| lose | ~を失う | slim | 細い |
| in fact | 実際には | gain | ~を得る |
| uncomfortable | 気まずい | silence | 沈黙 |
| between ~ | ~の間に | | |

# Q58

日目

〈両親の初めてのデート〉

On the night of their first date, my father took my mother to the beach. He said, "Listen. The waves sound like they are calling to us, don't they?" My mother told me that it wasn't romantic at all and in fact, it just frightened her a lot. I still don't understand why my mother married him.

(蓼食う虫)

お父さんとの初めてのデート。お母さんの感想は？

Ⓐ とても楽しかった。
Ⓑ ロマンチックだった。
Ⓒ ただ怖いだけだった。

# A58

### 🄲 ただ怖いだけだった。

#### 和訳

うちの父は、初めてデートした晩に母をビーチに連れて行き、「ほら。波の音が(お〜い、お〜いと)呼んでいるみたいだろ？」と言った。母が言うには、それはとてもロマンチックとは言いがたく、それどころかそれを聞いた母はただ、怖くてたまらなかったらしい。なぜ母がそんな父と結婚したのか、私はいまだに理解できない。

#### 解説

- 「(人が)初めてデートした晩に」は on the night of one's first date。take (人) to the beach は「(人)をビーチに連れて行く」。
- Listen. は「よく聞いて」。sound like ~ は「〜のように聞こえる」。
- The waves sound like ~, don't they? は「波が〜のように聞こえるよね？」と相手に確認や同意などを求める付加疑問文。この they は The waves のこと。
- wasn't romantic at all は「全然ロマンチックじゃなかった」。frighten (人) a lot は「(人)をすごく怖がらせる」。
- I still don't understand ~ は「いまだに〜が理解できない」、why my mother married him は「なぜ母が父と結婚したのか」。

#### 語彙

| | | | |
|---|---|---|---|
| night | 夜 | date | デート |
| beach | ビーチ | wave | 波 |
| sound | 〜に聞こえる | call to ~ | 〜に声をかける |
| romantic | ロマンチックな | frighten | 〜を怖がらせる |

# Q59

日目

〈門限を破った日〉

I went drinking with my friends and broke curfew. Expecting to be locked out of the house, I got home and saw my father standing outside the front door. I was really worried, but then something unexpected happened. He wasn't waiting for me at all—he had been locked out too!

(窓際父子)

門限を破った時、どうなった？

- **Ⓐ** 父親から締め出された。
- **Ⓑ** 父親からは怒られなかった。
- **Ⓒ** 家には入れたが、父親に説教された。

# A59

### B 父親からは怒られなかった。

**和訳**

友だちと飲みに行って、門限を破ってしまった。家から締め出されるんだろうなと思いながら家に着いたら、父が玄関の外に立っているのが見えた。(説教されるかと思って)すごく心配したが、それからは思いがけない展開となった。父は、別に僕を待っていたわけではない。自分も締め出されていたのだ!

**解説**

- go drinking with ~ は「~と飲みに行く」で、break curfew は「門限を破る」。
- Expecting to ~,「~ということを予想しながら」は、「~しながら」という付帯状況を表す分詞構文。門限を破ったので、be locked out of the house「家から締め出される」ことを想定していたということ。
- saw my father standing outside the front door は「父が玄関の外に立っているのが見えた」。
- something unexpected happened は「想定外のことが起こった」。something unexpected「想定外のこと」は、説教するために立っていると思っていた父が、実は先に締め出されていたということを指す。

**語彙**

| | |
|---|---|
| curfew | 門限 |
| locked out | 締め出されて |
| unexpected | 思いも寄らない |

| | |
|---|---|
| expect | ~を予想する |
| front door | 正面玄関 |
| happen | 起こる |

# Q60

日目

〈ほめられはしたけれど…〉

When I was shopping with my daughter, a salesclerk said, "Oh, your granddaughter is so cute!" I was really shocked, but I managed to keep smiling and walked away without saying anything. It's true I'm not a young mother, but I can't believe she thought I was a grandmother!

(じんじー)

### この人がショックを受けたのはなぜ？

Ⓐ 娘を孫と間違われたから。
Ⓑ 娘を男の子と間違われたから。
Ⓒ 姑と姉妹だと思われたから。

# A60

### Ⓐ 娘を孫と間違われたから。

**和訳**

娘と買い物をしていたら、1人の店員が「まあ、かわいいお孫さんですね!」と言った。すごくショックだったが、なんとか笑みを保ちつつ、何も言わずにその場を立ち去った。そりゃ、若いお母さんではないけど、おばあちゃんと思われたなんて、信じられない!

**解説**

■ shop with ~ は「~と買い物をする」。~ is/are so cute! は「~はとってもかわいい!」。
■ shocked は「ショックを受けて」。shocking だと「衝撃的な」という意味になる。
■ manage to ~ は「なんとかして~する」、keep ~ing は「~し続ける」。
■ walk away without saying anything は「何も言わずに立ち去る」。without ~ing は「~しないで」。
■ It's true ~, but ... は「確かに~だが、…」、I can't believe ~! は「~なんて信じられない!」ということ。she thought I was ~ は「彼女は私が~だと思った」。

**語彙**

| | | | |
|---|---|---|---|
| granddaughter | 孫娘 | manage to ~ | なんとか~する |
| walk away | 立ち去る | true | 本当の |
| believe | ~を信じる | grandmother | 祖母 |

# Q61

日目

〈部長の着メロ〉

While I was talking to the general manager, his cell phone started ringing. The girlie ringing tone definitely didn't suit him, and I had to bite my lip. His face turned bright red, and he explained his daughter had chosen the song. I don't know if it's true or not, but I'll never forget the look on his face.　　　（よっちゃん）

部長の着メロはどんなのだった？

Ⓐ 演歌。
Ⓑ 怪しい効果音。
Ⓒ 少女趣味。

# A61

## 🄲 少女趣味。

### 和訳

部長と話していたら、部長の携帯が鳴り始めた。その乙女チックな着メロはまったく部長らしくなく、私は笑いをこらえなければならなかった。まっ赤になった部長は、娘さんがその曲を選んだのだと弁明した。その真偽はわからないが、その時の彼の表情は絶対に忘れられない。

### 解説

- While I was talking to ~ は「(私が)~と話している間に」。while ~ing は「~している間に」。start ~ing は「~し始める」。
- definitely didn't suit ~ は「まったく~に似合っていなかった」。
- bite one's lip は直訳すると「唇をかむ」だが、転じて、「(怒りや笑いなどを)こらえる」という意味になる。
- turn bright red は「まっ赤になる」。explain (that) ~ は「~と説明する」。chosen は choose「~を選ぶ」の過去分詞形。
- I don't know if it's ~ or not, but ... は「それが~かどうかはわからないが…」で、the look on one's face は「~の表情」。

### 語彙

| | | | |
|---|---|---|---|
| ring | ベルが鳴る | girlie | 乙女チックな |
| ringing tone | 着メロ | definitely | まったく |
| suit | ~に似合う | bite one's lip | 笑いをこらえる |
| turn | ~になる | bright | 明るい |
| red | 赤い | explain | ~を説明する |
| forget | ~を忘れる | | |

# Q62

日目

〈しょせんこれが現実…〉
While I was pulling my suitcase towards my hotel, someone tripped on it. I looked back expecting a fateful meeting with a cool guy, but it was an old man, so I was a little disappointed. If I lived in a TV drama, it would definitely have been Mr. Right! Sadly though, I live in the real world. (ドラマおたく)

スーツケースに引っかかったのは誰？

- Ⓐ おじいさん。
- Ⓑ おばあさん。
- Ⓒ かっこいい男性。

# A62

### A おじいさん。

**和訳**

ホテルに向かってスーツケースを引いて歩いていたら、誰かがそれにつまずいた。カッコいい男性との運命の出会いを期待しながら振り向いたけど、おじいさんだったのでちょっとガッカリした。テレビドラマの世界なら、絶対に理想の彼だっただろうに! 悲しいけれど、ここは現実世界なのです。

**解説**

- pull ~ towards ... は「…に向かって～を引く」。trip on ~ は「～につまずく」。
- expecting ~ with a cool guy は「カッコいい男性との運命の出会いを期待しながら」という付帯状況を表す分詞構文。
- fateful meeting は「運命の出会い」。meeting には「出会い」という意味もある。この場合の cool は「カッコいい」。
- If I lived in a TV drama は「もし、テレビドラマの世界に住んでいたら」、it would definitely have been Mr. Right は「それは絶対に理想の彼だっただろうけど」。it はスーツケースにつまずいた人のこと。「もし～であれば」という仮定法過去と、「～だっただろうに」という仮定法過去完了が混じった文。
- sadly though は「悲しいけれど」。real world は「現実世界」。

**語彙**

| | | | | | |
|---|---|---|---|---|---|
| pull | ～を引く | suitcase | スーツケース | towards ~ | ～に向かって |
| hotel | ホテル | trip on ~ | ～につまずく | fateful | 運命的な |
| guy | 男 | old | 年を取った | a little | ちょっと |
| disappointed | ガッカリした | live | 暮らす | TV drama | テレビドラマ |
| Mr. Right | 理想の彼 | real | 現実の | world | 世界 |

# Q63

〈妹の七不思議〉

I wonder how my sister could eat so much dessert right after finishing dinner. Maybe it was just my imagination, but I thought I heard her saying she was full a few times. Who could have imagined her eating two pieces of cake and ice cream after saying that? I'm sure she has a second stomach just for dessert.

(妹の行く末を案じる兄)

お兄さんが驚いたのはなぜ?

- Ⓐ 妹が夕飯を2人分食べたから。
- Ⓑ 食欲旺盛な妹がデザートを食べなかったから。
- Ⓒ 満腹のはずの妹がデザートを食べたから。

# A63

**C** 満腹のはずの妹がデザートを食べたから。

### 和訳

うちの妹ときたら、夕食の直後だと言うのに、どうすればあれだけのデザートを食べられるのだろう。単なる思い過ごしだったかもしれないが、彼女が「もうお腹いっぱい」と言っているのを2〜3回聞いたような気がする。そんなことを言った後にケーキ2個とアイスをたいらげるなんて、誰が想像できただろうか？きっとデザート専用の別腹があるに違いない。

### 解説

- I wonder how (人) could ~ は「どうやったら(人)が〜できるのだろうか」。right after ~ing は「〜してすぐに」。
- Maybe it was just my imagination, but ... は「単なる気のせいだったかもしれないが、…」ということ。I heard (人) saying ~ は「(人)が〜と言っているのを耳にした」。
- Who could have imagined her ~ing? は「彼女が〜するなんて、誰が想像できただろうか(いやできなかっただろう)」という反語。
- a second stomach は日本語で言う「別腹」、just for ~ は「〜のためだけに」。

### 語彙

| | | | |
|---|---|---|---|
| sister | 姉/妹 | dessert | デザート |
| right after ~ | 〜の直後に | finish | 〜を終える |
| imagination | 想像 | full | 満腹の |
| imagine | 〜を想像する | a piece of ~ | 1切れの〜 |
| cake | ケーキ | ice cream | アイスクリーム |
| stomach | 胃 | | |

# Q64

日目

〈私、実は最近…〉
I don't want to admit this, but I've been getting a bit of a paunch recently. I'm too young to call it a middle-aged paunch, and I can't call it a beer belly either, because I don't drink. Should I call it a cookie belly, or a cake belly? Anyway, somehow, I should get rid of this excess fat.　　　　　　（アンチタイトスカート）

自分で認めたくないこととは…

- Ⓐ お腹が出てきたこと。
- Ⓑ 中年になったこと。
- Ⓒ 酒癖が悪くなったこと。

# A64

### 🅐 お腹が出てきたこと。

**和訳**

自分でこんなことを認めたくはないが、最近、ちょっと太鼓腹になりつつある。それを「中年太り」と呼ぶには若すぎるし、飲まないので「ビール腹」とも言えない。「クッキー腹」や「ケーキ腹」と呼ぶべきだろうか？とにかく、何とかしてこの余分な脂肪を取らなければ。

**解説**

- I don't want to admit this, but ... は「自分でこんなことを認めたくはないが…」。get a paunch は「お腹が出てくる」。
- too ~ to ... は「…するには~すぎる」。I'm too young to call it a middle-aged paunch は「そのお腹を中年太りと呼ぶほどの年令ではない」ということ。
- call it a middle-aged paunch は「それを中年太りと呼ぶ」。call ~ ... は「~を…と呼ぶ」。can't call it ~ either は「それを~と呼ぶこともまたできない」。it は「自分の太鼓腹」のこと。
- Should I call it ~ or ...? は「それを~と呼ぶべきだろうか、それとも…と呼ぶべきだろうか？」。
- Anyway は「とにかく、それはともかく」。出っ腹の呼び方を考えることよりも、excess fat「余分な脂肪」を get rid of「除去する」方法を考えることの方が先決だということ。

**語彙**

| | | |
|---|---|---|
| admit | ~を認める | bit of a ~ | ちょっとした~ | paunch | 太鼓腹 |
| middle-aged | 中年の | beer | ビール | belly | 腹 |
| cookie | クッキー | somehow | 何とかして | get rid of ~ | ~を除く |
| excess | 余分な | fat | 脂肪 | | |

# Q65

日目

〈ある雨の日の出来事〉

It was raining and I didn't have an umbrella, so I emailed my boyfriend and asked him to meet me at the station. However, he showed up with only his umbrella—he had forgotten to bring mine! Sharing an umbrella might seem romantic, but I'd have been much happier if I hadn't gotten so wet.

(匿名希望)

この人は彼氏にどうしてほしかった？

Ⓐ 駅まで迎えにきてほしかった。
Ⓑ 同じ傘に入ってほしかった。
Ⓒ 自分の傘も持ってきてほしかった。

# A65

### ⓒ 自分の傘も持ってきてほしかった。

**和訳**

雨が降っていて、傘を持っていなかったので、駅まで迎えにきてくれるように彼にメールした。ところが、自分の傘だけを持って現れた彼。私の分を持ってくるのを忘れたのだ！ 相合傘はロマンチックに見えるかもしれないけど、こんなにびしょ濡れになっては嬉しさも半減…

**解説**

- email (人) は「(人)にメールを送る」。ask (人) to meet me at ~ は「(人)に~まで迎えにきてくれるように頼む」。meet には、このように「~を出迎える」という意味もある。
- show up with ~ は「~を持って現れる」。forget to bring ~ は「~を持ってくるのを忘れる」。forget bringing ~ なら「~を持ってきたことを忘れる」という意味になる。mine「私の物」は my umbrella のこと。
- sharing an umbrella は「一緒に傘に入ること、相合傘をすること」。
- I'd have been much happier if I hadn't gotten so wet. は「こんなにびしょ濡れにならなければもっと嬉しかっただろうに(実際は濡れたのであまり嬉しくなかった)」という過去の事実と反対の想像を表す仮定法過去完了の文。

**語彙**

| | | |
|---|---|---|
| email メールを送る | station 駅 | show up 現れる |
| share ~を分かち合う | wet 濡れた | |

# Q66

〈父の秘密〉

When I was a kindergartner, my father once took me to a mah-jong parlor on our way home from my uncle's. Even though he gave me three hundred yen to keep silent, I told my mother about it as soon as we got home.
I guess three hundred yen wasn't enough to keep my mouth shut. （ちゃっかり者）

お父さんがお母さんに内緒にしておきたかったことは何？

Ⓐ マージャンをしに行ったこと。
Ⓑ だまっておじさんの家に行ったこと
Ⓒ 2人だけで遊びに行ったこと。

# A66

### A マージャンをしに行ったこと。

**和訳**

幼稚園児だった時、一度、おじの家から帰宅する途中に、父に連れられてマージャン店に行ったことがあった。口止め料に父から300円もらったが、家に着くとすぐに母にそのことを話してしまった。どうやら300円の口止め料では足りなかったようだ。

**解説**

- (人) once took me to ~ は「一度(かつて)、(人)が~に連れて行ってくれたことがあった」。
- on one's way home from ~ は「~から帰宅する途中で」、my uncle's は「おじの家」で、後ろに house が省略されている。
- even though ~ は「~であるけれども」。gave me ~ to keep silent は「口止め料として~をくれた」。
- tell (人) about ~ は「~について(人)に話す」だが、ここでは「~について(人)に告げ口をする」というニュアンスを持つ。as soon as ~ は「~するとすぐに」。got home「家に着いた」の get は「~に到着する」という意味。
- be enough to ~ は「~するのに十分である」。keep my mouth shut は「私を黙らせておく」。keep ~ shut は「~を閉じた状態にしておく」。

**語彙**

| | | | |
|---|---|---|---|
| kindergartner | 幼稚園児 | mah-jong | マージャン |
| parlor | 店 | uncle | おじ |
| enough | 十分な | mouth | 口 |
| shut | 閉じた | | |

# Q67

〈厳しい母がなぜ？〉

My mother is quite strict, but she allowed me to line up for concert tickets, even though it was the night before an exam. Later, I heard she used to stand in line to get lottery tickets while carrying me on her back. Now, I understand why she didn't object, and there is no doubt I'm her daughter. (ぴー)

お母さんが並ぶのに反対しなかったのはなぜ？

- Ⓐ 学校行事に差し障りない時期だったから。
- Ⓑ 自分もコンサートに行きたかったから。
- Ⓒ 自分にも同じような経験があるから。

# A67

### C 自分にも同じような経験があるから。

#### 和訳

うちの母は結構厳しい人なのだが、試験の前夜であったにも関わらず、私がコンサートのチケットを買うために並ぶことを許してくれた。後から聞いたところによれば、母は、かつて宝くじを買うために、私をおんぶしながら列に並んでいたそうだ。これで母が反対しなかった理由もわかったし、私は間違いなく母の娘である。

#### 解説

- allow (人) to ~ は「(人)に~することを許可する」。
- the night before ~ は「~の前夜」。チケットの発売日が試験当日だったということ。
- Later, I heard ~ は「後から聞いたところによれば~だそうだ」。stand in line to get ~ は「~を手に入れるために列に並ぶ」。
- while ~ing は「~しながら」、carry ~ on one's back は「~をおんぶする」。つまり、母親にも赤ん坊をおぶってまで並んでいた時代があったということ。
- Now, I understand why ~ は「これでなぜ~なのかを理解できる」。there is no doubt ~ は「~に疑いの余地はない」。

#### 語彙

| quite | かなり | strict | 厳しい |
|---|---|---|---|
| allow | ~を許す | line up for ~ | ~の列に並ぶ |
| exam | 試験 | in line | 一列になって |
| lottery | 宝くじ | back | 背中 |
| object | 反対する | doubt | 疑い |

# Q68

日目

〈ドジな親子〉

My son bought a head of lettuce by mistake when I asked him to buy cabbage. Well, what's done is done, so I called my husband and asked him to get cabbage on his way home. Then, improbably, he did exactly the same thing as our son! Needless to say, salad became our regular side dish for a while.

(レタス恐怖症)

この親子のミスとは?

- Ⓐ レタスを頼まれたのにキャベツを買ってきた。
- Ⓑ キャベツを頼まれたのにレタスを買ってきた。
- Ⓒ キャベツとレタスを頼まれたのに、レタスを買い忘れた。

# A68

**B** キャベツを頼まれたのにレタスを買ってきた。

### 和訳
息子にキャベツを買ってきてと頼んだら、間違えてレタスを1玉買ってきた。まあ、済んだことは仕方がないので、夫に電話して、帰りにキャベツを買ってきてと頼んだ。そしたら、信じられないことに、夫は息子とまったく同じことをしでかした！しばらくの間ずっと、サラダがわが家のサイドディッシュになったことは言うまでもない。

### 解説
- a head of ~ 「1玉の」は、キャベツやレタスなどを数える時に使う。
- What's done is done. は「済んだことは仕方がない」。
- ask (人) to buy/get ~ は「(人)に~を買ってくるように頼む」。on one's way home は「帰り道に」。
- 副詞 improbably「信じられないことに」は、he did ~ as our son! を修飾している。exactly the same は「まったく同じ」。
- became our regular side dish は「わが家のお決まりのサイドディッシュになった」。

### 語彙

| | | | |
|---|---|---|---|
| a head of ~ | 1玉の~ | lettuce | レタス |
| by mistake | 間違えて | cabbage | キャベツ |
| improbably | ありそうもなく | exactly | まさに |
| needless to say | 言うまでもなく | salad | サラダ |
| regular | いつもの | side dish | サイドディッシュ |
| for a while | しばらくの間 | | |

# Q69

〈自業自得〉

I was too nervous to sleep the night before my first date. My classmate and I were going to see a movie. Unfortunately, the movie we chose was not so exciting and I fell asleep! After the movie, she was talking about some scenes, but I didn't know anything about them. Since then, she has never asked me out again. How depressing!

(原チャ男)

次のうち、映画館で眠ってしまった原因でないものはどれ？

- Ⓐ 一緒に行った子が先に眠っていたから。
- Ⓑ 映画があまりおもしろくなかったから。
- Ⓒ 睡眠不足だったから。

# A69

### 🅐 一緒に行った子が先に眠っていたから。

#### 和訳

人生初めてのデートの前夜、僕は緊張して眠れなかった。同じクラスの子と映画を見ることになったのだ。あいにく、選んだ映画があんまりおもしろくなかったせいで、僕は眠り込んでしまった！映画の後、彼女がいくつかの場面について話していたのだが、僕には何のことかさっぱりわからなかった。それ以来、彼女にデートに誘われたことは一度もない。なんかガッカリ！

#### 解説

- be too nervous to sleep は「緊張しすぎて（神経が高ぶって）眠れない」。the night before my first date は「初めてのデートの前夜」。
- My classmate and I のように主語が2人以上の時には、I は後に来る。また、続く動詞の形は were と複数形になる。
- the movie we chose は「私たちが選んだ映画」。we chose「私たちが選んだ」が the movie「映画」を修飾している。not so ~ は「あんまり~でない」。
- I didn't know anything about them. は「それらについて何も知らなかった」。them は some scenes「いくつかの場面」のこと。
- Since then, she has never asked me out again. は「それ以来彼女からは一度もデートに誘われていない」という継続を表す現在完了の文。

#### 語彙

| | | | |
|---|---|---|---|
| nervous | 緊張して | classmate | クラスメート |
| movie | 映画 | unfortunately | あいにく |
| exciting | ワクワクさせる | scene | 場面 |
| ask (人) out | (人)をデートに誘う | depressing | 憂うつな |

# Q70

〈これってもしかして？〉

While I was studying for a test, I fell asleep at my desk. I woke up at midnight and was really scared because I couldn't move. I thought there was a ghost or something, but a few minutes later, my body felt all pins and needles, and I realized it was because I had remained in a fixed posture for so long.

(タケちゃん)

夜中に動けなくなった原因は？

Ⓐ 不明。
Ⓑ 金縛り。
Ⓒ しびれが切れた。

# A70

### ● しびれが切れた。

**和訳**

テスト勉強をしながら、机で眠り込んでしまった。真夜中に目が覚めて、本当に恐ろしかった。なぜなら、動けなかったからだ。幽霊か何かいるのかと思ったが、数分後、体がピリピリとしびれてきた。それで、あまりにも長い間同じ姿勢でいたからしびれが切れて動けなかった、ということに気がついた。

**解説**

- While I was studying for a test は「試験勉強をしていた間に」。fall asleep at ~ は「~で眠り込む」。
- woke up at midnight は「真夜中に目が覚めた」、be really scared because ~ は「~なのですごく怖い」。
- I thought ~, but ... は「~と思ったけれども…」、there was ~ は「~がいた(あった)」、ghost or something は「幽霊か何か」。
- I realized it was because ~ は「それは~のせいだということに気がついた」。この it は、I couldn't move「動けなかった」ことを指している。
- remain in a fixed posture は「同じ姿勢のままでいる」。for so long は「あまりにも長い間」。

**語彙**

| | | | |
|---|---|---|---|
| test | テスト | desk | 机 |
| midnight | 真夜中 | scared | 怖がった |
| move | 動く | ghost | 幽霊 |
| pins and needles | (体が)しびれて | remain | ~のままでいる |
| fixed | 固定した | posture | 姿勢 |

# Q71

日目

〈何でも文字通り〉

My husband always follows my instructions literally. When I ask him to watch the baby, he just watches the baby. To him, watching doesn't include taking care of. And, when I ask him to fold the laundry, he just folds it and leaves it. To him, folding doesn't include the action of putting away. Now, I realize I need to give him more detailed instructions.

(結婚3年目)

奥さんが考えたこの問題の解決法とは？

Ⓐ もっと詳しく指示をする。
Ⓑ 一度よく話し合う。
Ⓒ 辞書を見せる。

# A71

### A もっと詳しく指示をする。

**和訳**

うちのダンナは、いつも文字通りに私の指示に従う。赤ちゃんを見といてと頼めば、ただじっと見ている。彼の辞書では「見ること」に「世話をすること」は含まれていないのだ。また、洗濯物をたたんどいてと頼むと、たたんだままでそこに放ってある。彼の辞書では、「たたむこと」に「しまう」という行動は含まれていないのだ。今になって、彼にはもっと細かく指示を出さなければならないということを痛感している。

**解説**

- ask (人) to watch the baby は「(人)に赤ちゃんの世話を頼む」。
- To him, watching doesn't include taking care of. の文は、彼は、「赤ちゃんを見といて」と言われたら、ただ見ておけばいいと思って世話まではしないということ。
- just folds it and leaves it は「洗濯物はたたむだけでそのまま放っておく」。it は the laundry のこと。
- the action of putting away は「片づけるという行動」。To him, ~ putting away. の文は、「洗濯物をたたんでおいて」と頼まれたらただたたむだけで、それをしまってほしいという妻の気持ちには気づかないということ。
- Now, I realize ~ は「これで~ということがわかる」。need to ~ は「~する必要がある」、more detailed instructions は「もっと詳しい指示」。

**語彙**

| | | |
|---|---|---|
| follow ~に従う | instruction 指示 | literally 文字通りに |
| watch ~の世話をする | include ~を含む | take care of ~ ~の世話をする |
| fold ~をたたむ | laundry 洗濯物 | action 行為 |
| put away ~ ~を片づける | detailed 詳細な | |

# Q72

〈苦い思い出〉

We usually keep drinks and soup stock in recycled plastic bottles. One day, I was making some soup for my udon, but instead of taking the bottle with soup stock, I accidentally used iced coffee. That tasted terrible! I had a cold at the time and my nose was stuffed, so I didn't notice the smell. From then on, we started labeling the bottles.

(チョメちゃん命)

間違いに気がつかなかったのはなぜ？

Ⓐ よそ見をしていたから。
Ⓑ ラベルを貼っていたから。
Ⓒ 風邪を引いていたから。

# A72

### ❸ 風邪を引いていたから。

#### 和訳

うちでは、普通、飲み物やだしなどを空いたペットボトルに入れて保存している。ある日、うどんのスープを作っていたのだが、だしのボトルと間違えてアイスコーヒーを入れてしまい、ひどい味だった! その時は風邪で鼻がつまっていたので、においに気がつかなかったのだ。その時以来、ボトルにはラベルを貼るようにした。

#### 解説

- この keep は「~をとっておく、保存しておく」という意味。recycled plastic bottle は「再利用のペットボトル」のこと。
- instead of ~ing は「~する代わりに」。
- the bottle with soup stock は「だしの入ったボトル」。accidentally + 動詞 は「誤って~する」。
- My nose was stuffed.「鼻がつまっていた」は I had a stuffed nose. とも言う。前文で I had a cold「風邪を引いていた」と言っているので、似た表現の使用を避けている。
- start labeling the bottle は「ボトルにラベルを貼り始める」。

#### 語彙

| | | | |
|---|---|---|---|
| soup | スープ | stock | 煮出し汁 |
| recycled | 再利用の | plastic bottle | ペットボトル |
| accidentally | 間違って | iced coffee | アイスコーヒー |
| taste | ~の味がする | terrible | まずい |
| cold | 風邪 | at the time | その時 |
| nose | 鼻 | stuffed | つまって |
| smell | におい | from then on | その時以来 |
| label | ~にラベルを貼る | | |

# Q73

日目

〈情けない父〉

My son came home crying one day. He said he had been punched by his classmate in the park. I told him, "If someone punches you, punch them back!" and took him back to the park. When my son pointed out the boy who had punched him, I noticed that it was my branch manager's son! I quickly took back what I had said and took my son home. I was really disgusted with myself.　　　　(平社員)

自分でカッコ悪い父だと思ったのはなぜ？

- Ⓐ 息子をつい殴ってしまったから。
- Ⓑ 息子の前で泣いてしまったから。
- Ⓒ 息子に言ったことを取り消したから。

# A73

### ⓒ 息子に言ったことを取り消したから。

**和訳**

ある日、息子が泣きながら家に帰ってきた。彼が言うには、公園でクラスメートに殴られたらしい。「殴られたのなら、そいつを殴り返せ!」と言ってまた公園に連れて行ったのだが、息子が自分を殴った少年を指差した時、その子がうちの支店長の息子だということに気がついた! 早々と前言撤回して息子を家に連れて帰ったのだが、そんな自分にほとほと嫌気がさした。

**解説**

- come home ~ing は「~しながら家に帰ってくる」。
- be punched by (人) は「(人)から殴られる」。
- someone「誰か」は単数名詞だが、he「彼」か she「彼女」かわからないので、文の後半では them となっている。take (人) back to ~ は「また(人)を~へ連れて行く」。
- took back what I had said は「自分が言ったことを取り消した」、take ~ home は「~を家に連れて(持って)帰る」
- be disgusted with ~ は「~に嫌気がさす」。

**語彙**

| | | | |
|---|---|---|---|
| punch | ~を殴る | park | 公園 |
| point out ~ | ~を指差す | branch manager | 支店長 |
| take back ~ | ~を撤回する | disgusted | 嫌気がさした |

# Q74

〈オヨビでない奴〉

One day, when I was walking down the street, I saw a man waving at me. Actually, I wasn't wearing my glasses and couldn't see who it was, but I decided to wave back. Soon after that, I saw a tall guy run up to the man with a big smile. I guess he wasn't waving at me, but at the guy behind me! I was so embarrassed that I just walked away. Now I make it a habit to look back first whenever someone is waving at me.

(見返り美人)

男性が手を振っているのを見てこの人は何をした？

- **A** 後ろを振り向いた。
- **B** 手を振り返した。
- **C** 完全に無視した。

# A74

### B 手を振り返した。

**和訳**

ある日、道を歩いていたら、1人の男性が私に手を振っているのが見えた。実のところ、メガネをかけていなかったので誰だかわからなかったのだが、手を振り返すことにした。その直後、背の高い男の人が、ニコニコ笑いながらその(手を振っていた)男性のところに駆け寄るのが見えた。きっと彼は、私にではなく、私の後ろにいたその男の人に手を振っていたのだろう。あまりにも恥ずかしかったので、私は、ただその場を離れた。今では、誰かが手を振ってきたら、まず後ろを振り返るようにしている。

**解説**

- walk down the street は「道を歩く」という決まった言い方。wave at ~ は「~に手を振る」。
- メガネ、化粧、服、手袋などを「身に着けていた」は was/were wearing ~ で表す。
- couldn't see who it was「それが誰かわからなかった」は間接疑問文なので who it was (疑問詞 + 主語 + 動詞) の語順になっている。wave back は「手を振り返す」。
- guy は「男性」を表すカジュアルな語。複数形では「あなたたち」という意味で使うこともある。
- run up to (人) with a big smile は「ニコニコしながら(人)に走り寄る」という感じ。

**語彙**

| | |
|---|---|
| street | 通り |
| after that | その後 |
| run up | 走り寄る |

| | |
|---|---|
| decide to ~ | ~しようと決める |
| tall | 背の高い |
| make it a habit to ~ | ~するようにしている |

# Q75

〈母とボウリング〉

When I was a child, I once went bowling with my family. We were very surprised because my mother threw the ball backwards on her first attempt. After the game, my sister said, "Mom, that was very funny. Did you do it on purpose?" My mother blushed and said, "No, no! It was an accident!" Since then, we've all agreed never to talk about bowling in front of my mother.

(アスリート)

ボウリング場でのアクシデントとは？

Ⓐ 母親がすべって転んだ。
Ⓑ 母親の投げたボールが全部ガーターだった。
Ⓒ 母親がボールを後ろに投げた。

# A75

### 🅒 母親がボールを後ろに投げた。

#### 和訳
子どもの時に一度、家族でボウリングに行ったことがある。母が第一投目で後ろにボールを投げたので、私たちはすごくビックリした。ゲームの後、妹が「お母さん、さっきのはとってもおもしろかったよ。わざとやったの？」と聞くと、母はまっ赤になって「違う、違う。あれはハプニングだったのよ！」と答えた。それ以来、私たちは、母の前ではボウリングの話をしないことにしている。

#### 解説
- threw ~ backward(s) は「~を後ろに投げた」。「前に」なら backward(s) を forward(s) にする。threw は throw「~を投げる」の過去形。
- on one's first attempt は「(人)の初めての試み(挑戦)で」。
- Did you do it on purpose?「わざとやったの？」は「ウケ狙いだったの？」ということ。
- we've all agreed never to ~ は「(以来ずっと)私たちはみんな絶対に~しないことにしている」という継続を表す現在完了。否定語 never は、not と同じように to の前に置く。
- talk about ~ in front of (人) は「(人)の前で~について話す」。

#### 語彙
| | | | | | |
|---|---|---|---|---|---|
| bowling | ボウリング | surprised | ビックリして | throw | ~を投げる |
| backward(s) | 後ろに | attempt | 試み | mom | お母さん |
| funny | おかしい | on purpose | わざと | blush | 顔を赤らめる |
| accident | ハプニング | agree | 同意する | | |

# Q76

日目

〈違うんだけどな…〉

I went to a movie theater with my boyfriend yesterday. We were interested in several movies, but in the end we chose a romance. It was a really touching story—I was moved to tears! As I didn't want my boyfriend to see my makeup running, I dashed off to the rest room as soon as the movie ended. After redoing my makeup and coming out of the bathroom, my boyfriend said, "You really had to go, eh?"

(ペテン師A子)

**映画が終わってからトイレに駆け込んだのはなぜ？**

- Ⓐ 化粧を直すため。
- Ⓑ トイレを我慢していたため。
- Ⓒ 忘れ物に気づいたため。

# A76

### Ⓐ 化粧を直すため。

#### 和訳

昨日、彼と映画館に行った。いくつかの映画に興味があったが、結局はロマンスにした。その映画はとってもジーンとくる話だったので、感動して泣いてしまった！化粧くずれを彼に見られたくなかったので、映画が終わるとすぐに化粧室へ駆け込んだ私。化粧を直してから出てくると、「よっぽどトイレに行きたかったんだね」と彼に言われてしまった。

#### 解説

- go to ~ with (人) は「(人)と~へ行く」。
- be interested in ~ は「~に興味を持っている」。in の後には名詞(句)などが続く。
- move には「動く、引っ越しをする」の他に「~を感動させる」という意味があり、主に moved「感動して」の形で使われる。
- As I didn't want ~「~したくなかったので」の as は「~なので」という理由を表す。
- I didn't want (人) to see my makeup running は「(人)に(涙で)化粧が落ちているのを見られたくなかった」ということ。as soon as the movie ended は「その映画が終わるとすぐに」。
- redo one's makeup は「メイク直しをする」。had to go の後には to the rest room/bathroom が省略されている。トイレにダッシュして行ったので、ぎりぎりまでトイレを我慢していたのかと思われたということ。

#### 語彙

| | | | | | |
|---|---|---|---|---|---|
| movie theater | 映画館 | several | いくつかの | in the end | 結局は |
| romance | ロマンス | touching | 感動的な | moved | 感動して |
| tears | 涙 | makeup | 化粧 | run | 流れる |
| dash off to ~ | ~へ駆け込む | rest room | 化粧室 | bathroom | 化粧室 |

# Q77

〈豪華なお弁当〉

Today's lunch box was much more luxurious than usual, so I asked my wife what had happened. She looked a bit surprised and told me there was no special reason. Later, I discovered the reason when I overheard my son complaining to my wife. He said, "Mom, what happened? Today's lunch was just leftovers from last night's dinner." I guess I took his lunch box by mistake.

(かわいそうな亭主)

ふだんよりお弁当が豪華だったのはなぜ？

- **A** 単なる間違いで。
- **B** いいことがあったので。
- **C** 妻の機嫌がよかったので。

# A77

### 🅐 単なる間違いで。

**和訳**

今日のお昼の弁当がいつもに比べてかなり豪勢だったので、妻に何があったのと聞いてみた。妻はちょっと驚いた顔をしていたが、別に理由なんてないと言った。その後、息子が妻に「母さん、どうしたの？今日のお弁当は昨日の夕飯の残り物だけだったよ」と文句を言っているのを耳にした時、その理由がわかった。おそらく、私が間違えて息子の弁当を持って行ったのだろう。

**解説**

- much は more luxurious「より豪華」を「よりずっと豪華」と強調している。
- asked (人) what had happened は「(人)に何が起きたのかと尋ねた」。
- look a bit surprised は「ちょっと驚いているように見える」。「特に理由はなかった」と言う時は there was no special reason と言う。
- later は「後で」、overhear (人) complaining to ~ は「(人)が~に文句を言っているのを耳にする」。
- just leftovers from last night's dinner は「夕べのご飯の残り物だけ」。
- took ~ by mistake は「間違って~を持って行った」。つまり、亭主の弁当は前の日の残り物なのに、息子には毎日おいしい弁当を作っているということ。

**語彙**

| | | | |
|---|---|---|---|
| lunch box | 弁当 | luxurious | 豪勢な |
| a bit | 少し | special | 特別な |
| overhear | ~をふと耳にする | leftovers | 残り物 |

# Q78

日目

〈初めて会った外国人〉

The first foreigner I ever met was a Brazilian. However, he looked Japanese because he was a third-generation Japanese-Brazilian, and our distant relative. To help me communicate, my mother gave me some English phrases on a piece of paper, but he couldn't understand what I said. Many years later, I found out that Brazilians speak Portuguese, not English. Anyway, that experience sparked my interest in English.

(外資系勤務)

この外国人とはどういう関係だった？

- **A** 通っていた英会話の先生と生徒。
- **B** 母親の友だちの紹介。
- **C** 親戚どうし。

# A78

### ● 親戚どうし。

**和訳**

私が初めて会った外国人はブラジル人だった。でも、彼は日系3世で、遠い親戚にあたるので、日本人のように見えた。私が(彼と)コミュニケーションを取れるように、母が紙にいくつか英語のフレーズを書いてくれたが、彼は私が言ったことを理解できなかった。それから何年も経って、ブラジルでは英語ではなく、ポルトガル語が話されていることを知ったのだが、とにかく、この経験から英語に興味を持つようになったのだった。

**解説**

- The first ~ I ever met は「今までに会った初めての~」。The first foreigner I ever met は「今までに会った初めての外国人」。
- look Japanese 「日本人のように見える」。third-generation Japanese-Brazilian は「日系ブラジル人3世」。
- to help + (人) + 動詞の原形 は「(人)が~するのを手伝うために」。
- found out that ~ は「~だということがわかった」。
- spark one's interest in ~ は「(人)の~への興味をかき立てる」。

**語彙**

| | | | |
|---|---|---|---|
| foreigner | 外国人 | Brazilian | ブラジル人 |
| Japanese | 日本人 | third-generation | 3世 |
| Japanese-Brazilian | 日系ブラジル人 | distant | 遠い |
| relative | 親戚 | communicate | 意思を通じ合う |
| phrase | フレーズ | paper | 紙 |
| find out ~ | ~を知る | Portuguese | ポルトガル語 |
| English | 英語 | experience | 経験 |
| spark | 突然起こさせる | interest | 興味 |

# Q79

〈年賀状〉

Receiving New Year's cards with personal photos from my friends, really highlights the passage of time for me. At first, I received many cards with wedding pictures. A few years later, I started to receive cards with pictures of babies. As time went by, those babies grew up and some of them got siblings. I myself have never sent New Year's cards with pictures like those, but I hope I will have a chance to someday.

(アウトロー)

写真つき年賀状に対するこの人の気持ちは？

Ⓐ まったく興味がない。
Ⓑ 人のを見るのは興味深い。
Ⓒ 自分も出してみたい。

# A79

### ◉ 自分も出してみたい。

**和訳**

私の場合、友だちからの写真つき年賀状が、時の流れを顕著に表している。初めは結婚式の写真つきのハガキがたくさん来ていたが、2〜3年後には、赤ちゃんの写真つきハガキが届き始めた。時は流れ、その赤ちゃんたちは成長し、中には、兄弟（姉妹）ができた子もいる。私自身はそんな写真つきの年賀状を送ったことはないが、いつかそういうチャンスがあればいいなと思う。

**解説**

- Receiving から friends までが主語で、highlights「目立たせる」が動詞。Receiving は動名詞で「〜を受け取ること」。
- cards with ~ pictures/pictures of ~ は「〜の写真のついたハガキ」。
- At first「最初に」、A few years later「2、3年後に」、As time went by,「時が経つにつれて」などで時の流れを表している。
- I myself は「私自身は」。like those は like those cards「そのようなハガキ」、つまり結婚式や子どもなどの写真つきハガキのこと。
- I hope I will have a chance to ~ は「〜するチャンスがあればいいな」。chance to の後には send New Year's cards with personal photos「個人の写真つき年賀状を送る」が省略されている。someday は「いつか」。

**語彙**

| | | | |
|---|---|---|---|
| New Year's card | 年賀状 | personal | 個人の |
| photo | 写真 | highlight | 〜を目立たせる |
| passage | 流れ | wedding picture | 結婚式の写真 |
| sibling | 兄弟（姉妹） | send | 〜を送る |
| chance | チャンス | someday | いつか |

# Q80

日目

〈ひょっとして赤い糸?〉

When I rented a kimono for my friend's wedding reception, the clerk gave me a brief profile of a man and tried to fix me up with him, but I didn't really want to meet him. Six months later, when I rented another kimono for my colleague's reception, she told me about the same man. Although I was a bit annoyed that the clerk had forgotten telling me about him, it was a bit funny to know both of us were still single after six months.

(まだ夏が来ないOL)

次のうち、内容に合っているのはどれ?

Ⓐ 貸衣裳屋さんの紹介で見合いをした。
Ⓑ 貸衣裳屋さんに二度も同じ男性を薦められた。
Ⓒ 貸衣裳屋で好みの男性に会った。

165

# A80

**B** 貸衣裳屋さんに二度も同じ男性を薦められた。

### 和訳
友人の披露宴のために着物を借りた時、貸衣裳屋さんがある男性の簡潔なプロフィールを教えてくれて、その人との仲を取り持とうとしてくれたが、私は別にその人に会う気はなかった。6ヶ月後、同僚の披露宴のために他の着物を借りると、店の人がまた同じ男性について話した。店の人が、以前にも私に同じ男性について話したことを覚えていなかったことにはちょっとムッとしたが、半年経った今でもお互いに独身だったのかと思うと、ちょっとおかしかった。

### 解説
- rent は「(有料で)〜を借りる」。「(無料で)〜を借りる」は borrow。
- give (人) a brief profile of a man は「ある男性の簡単なプロフィールを(人)に教える」ということ。fix (人) up with 〜 は「〜と(人)との仲を取り持つ」。
- I didn't really want to 〜 は「〜するのはあまり乗り気でなかった」。not really 〜 は「あまり〜ではない」。
- when I rented another kimono は「(同じ貸衣裳屋から)別の着物を借りた時」ということ。
- I was a bit annoyed that 〜 は「〜にはちょっとやきもきした」で、it was a bit funny to know 〜 は「〜と知ってちょっとおかしかった」。forget telling (人) about 〜 は「〜について(人)に話したことを忘れる」。both of us は「私たち2人とも」。us は、自分と薦められた男性のこと。

### 語彙
| | | |
|---|---|---|
| rent | 〜を借りる | wedding reception | 披露宴 | clerk | 店員 |
| brief | 簡潔な | profile | プロフィール | fix up 〜 | 〜を手配する |
| another | 別の | colleague | 同僚 | both | 両方 |
| single | 独身 | | | | |

# Q81

日目

〈壮絶な親子げんか〉

This morning, I argued with my mother. She wouldn't listen to me, so I locked myself in the bathroom. I was quite sure she would listen if she wanted to use the toilet. I thought it was a brilliant idea. However, her reaction was unbelievable! She put a wardrobe in front of the bathroom door so that I couldn't get out! I was very surprised. I tried to get out by pushing the door, but I couldn't. I guess my mother is even more stubborn than me.

(サニー君)

激しい親子げんか。軍配が上がったのはどっち？

Ⓐ 母親。
Ⓑ 息子。
Ⓒ 引き分け。

# A81

### A 母親。

**和訳**

今朝、母と口論になり、全然話を聞いてくれなかったのでトイレに立てこもった。トイレに行きたくなったら母は僕の言い分を聞くだろう、とほぼ確信していたのですばらしいアイデアだと思ったが、母は信じられない行動に出た! 僕が外に出られないように、トイレのドアの前にタンスを置いたのだ。とても驚いた僕はドアを押して外に出ようとしたが、出られなかった。母は僕以上に頑固らしい。

**解説**

- argue with (人) は「(人)と口論をする」。
- wouldn't listen to ~ は「~の言うことを全然聞かない」。この would は強い意志を表す。lock oneself in ~ は「自分自身を~の中に閉じ込める」、つまり「~に立てこもる」ということ。
- I was quite sure (that) ~ は「~をほぼ確信していた」。
- so that (人) couldn't ~ は「(人)が~できないように」。
- try to ~ by ...ing は「...することによって~しようとする」。
- even「さらに」は more stubborn を強調している。つまり、「(自分も頑固だが)母はそれ以上に頑固だ」ということ。

**語彙**

| | | | |
|---|---|---|---|
| morning | 朝 | argue | 議論する |
| lock | ~を閉じ込める | toilet | トイレ |
| brilliant | すばらしい | idea | アイデア |
| reaction | 反応 | unbelievable | 信じられない |
| wardrobe | タンス | get out | 出る |
| push | ~を押す | stubborn | 頑固な |

# Q82

日目

〈どうにも止まらない〉

I was very hungry in class because I'd eaten breakfast earlier than usual. Suddenly, my stomach started to growl, so I made some noise by moving the stuff around my desk while placing a hand on my stomach. Unfortunately, when I moved my hand away, my stomach growled even more loudly than before. It broke the silence in the classroom and everybody laughed (except me).

(育ち盛り)

授業中、みんなに笑われたのはなぜ？

- Ⓐ いびきをかいたから。
- Ⓑ おならをしたから。
- Ⓒ お腹が鳴ったから。

# A82

**C** お腹が鳴ったから。

### 和訳

ふだんよりも早めに朝食を食べたので、授業中とてもお腹がすいていた。突然お腹が鳴り始めたので、片方の手でお腹を押さえながら、机の周りの物を動かしてガサゴソと音を立てていたが、あいにく、手を離したすきに、前以上に大きな音でお腹が鳴ってしまった。その音が教室の沈黙を破り、みんなが笑った(僕以外)。

### 解説

- in class は「授業中」、earlier than usual は「いつもより早く」。
- make noise は「音を立てる、騒ぐ」。by moving the stuff around my desk 「机の周りの物を動かすことによって」の by は「〜によって」という手段を表す。
- while ~ing は「〜しながら」。while placing a hand on my stomach は「お腹に片方の手を置きながら」ということ。
- move ~ away は「〜をどける、移動する」。
- growled even more loudly than before は「前よりもさらに大きな音で鳴った」ということ。

### 語彙

| | | | |
|---|---|---|---|
| hungry | お腹がすいた | breakfast | 朝食 |
| suddenly | 突然 | growl | 鳴る |
| noise | 騒音 | stuff | 物 |
| place | 〜を置く | laugh | 笑う |
| except | 〜以外は | | |

# Q83

日目

〈最近ハマっていること〉

Recently, I've been addicted to shopping on the Internet. It's nice and relaxing to be able to shop from home, especially for busy people—it saves me a lot of time and energy. But last month I saw my credit-card statement and thought, "Oh my god! My number's been stolen." It hadn't really been stolen though. I actually had spent that much! I was shocked, but it still might be difficult to quit shopping on the Internet.

(出不精)

この人のネットショッピングに対する今の思いは?

- **A** もう二度としない。
- **B** やめたいけどやめられない。
- **C** やめようとは思わない。

# A83

**B** やめたいけどやめられない。

### 和訳
最近、ネットショッピングにハマっている。特に忙しい人々にとって、家にいながら買い物できるのはとてもくつろげるし、多くの時間やエネルギーをセーブできる。でも先月カードの明細書を見た時には、「信じられない！カードナンバーを盗まれてしまった」と思った。本当に盗まれていたわけではなく、実際自分でそれだけたくさんのお金を使っていたんだけど！ショックだったが、それでもやっぱりネットショッピングをやめるのは難しいかもしれない。

### 解説
- I've been addicted to ~ と現在完了形にすると「ずっと~にハマっている」という意味になる。nice and ~ は nice and relaxing「とてもくつろげる」のように、次に来る形容詞や副詞などを強める。
- Oh my god! は「信じられない！」と驚いた時に思わず発するフレーズ。
- My number's(has) been stolen. は「カードナンバーが盗まれてしまった」。請求額が高かったので、カードを盗用されたかと思ったということ。
- It hadn't really been stolen though. は「実は盗まれていなかったんだけどね」。had spent that much は「それだけたくさん(のお金を)使っていた」。
- it still might be difficult to quit ~ing は「それでも~することをやめるのは難しいかもしれない」。

### 語彙

| | | | |
|---|---|---|---|
| be addicted to ~ | ~にハマっている | Internet | インターネット |
| relaxing | リラックスできる | especially | 特に |
| energy | エネルギー | last month | 先月 |
| credit-card statement | カードの明細書 | god | 神 |
| number | 数字 | steal | ~を盗む |
| difficult | 難しい | quit | ~をやめる |

# Q84

日目

〈複雑な乙女心〉

When I was in Canada, my Korean friend was complaining about her Spanish boyfriend. She told me that in Korea, if a girl says she's cold, she expects her boyfriend to give her a hug or take off his jacket and put it on her. Unfortunately, her boyfriend didn't realize this and just said, "Me too." "That's the worst thing he could have said," she told me.
I couldn't say anything, because if I were him, I might have said the same thing. （ピロ子）

### この人の考え方は友だちカップルのどちらに近い？

Ⓐ 彼氏の方。
Ⓑ 彼女の方。
Ⓒ どちらとも言えない。

# A84

### A 彼氏の方。

**和訳**

カナダにいた頃、韓国人の友だちが、スペイン人の彼のグチを言っていた。彼女が言うには、韓国では、女の子が「寒い」と言う場合、彼氏が抱きしめてくれることや、自分のジャケットを脱いでかけてくれることを期待しているのだそうだ。あいにくそのことに気づかなかった彼は、「僕も(寒い)」と言っただけ。「それって最悪な返事なのよ」と彼女は言っていたが、私は何も言えなかった。もし自分が彼だったら、同じことを言ったかもしれないから。

**解説**

- expect (人) to ~ は「(人)が~してくれるだろうと期待する」。
- give (人) a hug は「(人)を抱きしめる」。hug を kiss に代えると「(人)にキスする」。
- take off ~「~を脱ぐ」と put on ~「~を着る」は反意語。ペアで覚えよう。
- didn't realize this の this は「その女の子が抱きしめられることや、自分のジャケットを脱いでかけてくれることを期待して寒いと言ったこと」を指している。
- That's the worst thing「それって最悪のことなの」を he could have said「彼が言ったかもしれない」が修飾している。つまり、想定できる返事の中では最悪だったということ。worst は bad「悪い」の最上級。
- If I were ~, I might + have done ... は「もし私が~だったら、…したかもしれない」という仮定法の文。

**語彙**

| | | |
|---|---|---|
| Canada カナダ | Korean 韓国人の | Spanish スペイン人の |
| Korea 韓国 | girl 女の子 | hug 抱擁 |
| take off ~ ~を脱ぐ | jacket ジャケット | |

# Q85

〈ドジな乗り手にドジな馬〉

I once went on a school trip to try horseback riding on a big farm. It was a one-hour ride, but the horse I was on misstepped ten minutes into the ride and I fell from him. Of course, I was really scared and declined to go on the rest of the ride, but they forced me to get back on and finish. The only good thing was that a very handsome cowboy escorted me all the way to the end. Anyway, no matter what happens, I'll never ride a horse again.

(高所恐怖症)

落馬してから、この人はどうした?

Ⓐ リタイヤした。
Ⓑ また乗馬を続けた。
Ⓒ 病院に運ばれた。

# A85

**Ⓑ** また乗馬を続けた。

### 和訳
一度、学校の遠足で乗馬をしに大きな牧場に行ったことがある。1時間の乗馬だったのだが、乗っていた馬が足を踏み外したため、私は開始10分で落馬してしまった。もちろんすごく怖かったから乗馬を続けることを拒否したのだが、また馬に戻って最後まで続けることを余儀なくされた。ただ1つよかったことは、とってもハンサムなカウボーイが最後までずっとエスコートしてくれたこと。それはともかく、何があろうと、もう二度と乗馬はしない。

### 解説
- one-hour ride は「1時間の乗馬」。I was on「私が乗っていた」は the horse「馬」を修飾している。ten minutes into the ride は「乗馬を始めて10分後に」。
- I was really scared and declined to ~ は「すごく怖かったので~することを断った」。go on the rest of ~ は「残りの~を続ける」。
- force (人) to ~ は「(人)に強制的に~をさせる」ということ。get back on は後に the horse が省略されていて、「馬にもう一度乗る」という意味。
- The only good thing was that ~ は、「唯一よかったことは~だった」と強調する文。all the way to the end は「最後までずっと」。
- No matter what happens, I'll never ~ again. は「たとえ何が起こっても、私は二度と~しない」という強い決意を表す文。

### 語彙
| | | | | | |
|---|---|---|---|---|---|
| school trip | 遠足 | horseback riding | 乗馬 | farm | 農場 |
| horse | 馬 | misstep | 足を踏み外す | into ~ | (ある状態の)中へ |
| fall | 落ちる | decline | ~を拒否する | go on | ~を続ける |
| rest | 残り | force | ~を要求する | get back | 戻る |
| handsome | ハンサムな | cowboy | カウボーイ | escort | ~をエスコートする |
| matter | 事 | | | | |

# Q86

日目

〈これは一体?〉
One day I found a 10,000 yen bill in the station. To my surprise, although there were many people passing by, nobody had noticed it! I found the situation very peculiar, so I thought it might be a trick and I started looking around for TV cameras. I didn't want to be caught on TV keeping the bill, so I picked it up and went straight to a police station. When I showed the bill to the police officer, he was very impressed. Actually, it hadn't been a trick at all—somebody had really lost the money. Maybe I should have kept it.

(浪花っ子)

この人がお金を警察に届けたのはなぜ?

Ⓐ 良心に従って。
Ⓑ 引っかけかもしれないと思ったから。
Ⓒ 周りの人も気づいていたから。

# A86

### Ⓑ 引っかけかもしれないと思ったから。

#### 和訳
ある日、駅で1万円札を見つけた。驚いたことに、多くの人が通り過ぎているというのに、誰1人としてそれに気づかなかったのだ! その状況がとても奇妙に思えたので、引っかけかもしれないと思い、テレビカメラがないか辺りを見回した。そのお札をネコババするところをテレビで放映されたくなかったので、それを拾うと派出所に直行した。そのお札を警官に見せたら、すごく感心していた。実際、それは引っかけなんかじゃなかった。本当に誰かが落としたお金だったのだ。もらっておけばよかったかな。

#### 解説
- To one's surprise は「(人)が驚いたことには」。there were many people ~ing は「~している人がたくさんいた」。
- find ~ 形容詞 で「~が(形容詞の表す内容)だと感じる、わかる」。
- I didn't want to be caught on TV ~ing は「~するところをテレビに撮られるのは嫌だった」ということ。caught は catch「~を捕らえる」の過去分詞形。
- go straight to ~ は「~へ直行する」。
- show ~ to (人) は「(人)に~を見せる」。show (人) ~ と言うこともある。
- Maybe I should have kept it. は「それを持っておけばよかったかもしれない」。it は the bill「お札」のこと。

#### 語彙
| | | | | | |
|---|---|---|---|---|---|
| bill | 札 | surprise | 驚き | pass by | 通り過ぎる |
| nobody | 誰も~ない | situation | 状況 | peculiar | 奇妙な |
| trick | いたずら | look around for ~ | ~を探し回る | TV camera | テレビカメラ |
| catch | ~を捕らえる | straight | まっすぐに | police station | 派出所 |
| show | ~を見せる | police officer | 警官 | impressed | 感心して |

# Q87

〈高い競争率〉

Last month, I went to my friend's wedding reception. The speeches were so boring that I almost fell asleep. The bouquet toss, however, was very interesting. When the MC called all the single women to the front, a lot of female guests flocked to the stage. The MC and the hotel employees looked very surprised—maybe because they hadn't expected so many people. I really wanted to catch the bouquet, but with so many people it was too difficult!

（独身貴族）

司会とホテルの従業員が驚いたのはなぜ？

Ⓐ 独身者が多かったから。
Ⓑ 出席者の多くが眠っていたから。
Ⓒ 誰もイベントに参加しなかったから。

# A87

### A 独身者が多かったから。

#### 和訳

先月、友人の披露宴に行った。スピーチはとてもつまらなくて(聞きながら)眠ってしまいそうになったが、ブーケ・トスはとてもおもしろかった。司会者が独身女性はみんな前に出て来るようにと呼びかけると、大勢の女性招待客がステージに集まってきて、司会者とホテルの従業員たちはポカンとしていた。恐らく、これほどの人数が集まるとは思っていなかったんだろう。ぜひとも自分がブーケをキャッチしたいと思っていたが、これだけ多くの人がいたので、ちょっと難しすぎた!

#### 解説

- The speeches were so boring that I almost fell asleep. は「スピーチがあまりにもつまらなかったのでもう少しで寝てしまうところだった」。boring は「退屈な」。自分が「退屈だ」と言う時には、I'm bored. と言う。
- MC は Master of Ceremonies の略で「司会者」。call ~ to the front は「~を前に呼ぶ」。
- hadn't expected so many people は「これだけ多くの人は見込んでいなかった」。想定していた以上の人が集まったということ。
- I really wanted to ~, but ... は「とても~したかったけど…」。
- with so many people は「そんなにたくさんの人がいては」という感じ。

#### 語彙

| | | |
|---|---|---|
| speech | スピーチ | boring | 退屈な | bouquet | ブーケ |
| toss | 投げること | interesting | 興味深い | MC | 司会者 |
| front | 前 | guest | 招待客 | flock to ~ | ~に群がる |
| stage | ステージ | employee | 従業員 | | |

# Q88

日目

〈ついつい本性が…〉

When I went on a home stay, I told my host parents that I was a light eater because I thought they might have big meals every day. In fact, their meals were smaller and simpler than I had expected. Although I was satisfied with their meals, I really missed Japanese food. One day, they took me to a food court and we had Japanese for lunch. I was so happy that I ate almost twice as much as they did. They laughed at me and teased me saying, "Oh! You're such a light eater." That was a bit embarrassing, but anyway I was very glad to eat familiar food.   (ミキタン)

"Oh! You're such a light eater." と言われたのはなぜ？

🅐 あまり食べなかったから。
🅑 誰よりもたくさん食べたから。
🅒 あらかじめ食事前にそう断っていたから。

# A88

### B 誰よりもたくさん食べたから。

**和訳**

ホームステイをした時、毎日ホストペアレンツがごちそうを食べているかもしれないと考えた私は、彼らに自分は少食だと告げたが、実際、彼らの食事は思ったよりも少なく質素で、出される食事に満足はしていたものの、日本食が恋しくてたまらなかった。そんなある日、ホストペアレンツにフードコートに連れていってもらって、昼食に日本食を食べることになった。嬉しさのあまり、彼らの2倍ぐらいの量を食べてしまった私は、「まあ! とんだ少食家ねえ〜」と笑われたりからかわれたりした。ちょっと恥ずかしかったものの、とにかくなじみ深いご飯が食べられてとても嬉しかった。

**解説**

- have a big meal は「ごちそうを食べる、たらふく食べる」。
- was/were + 比較級 + than I had expected は「思っていたよりももっと〜だった」。
- be satisfied with 〜 は「〜に満足している」、really missed 〜 は「〜が本当に恋しかった」。
- I was so happy that 〜 は「とても嬉しかったので〜だった」という so 〜 that ... の構文。twice as much as ... は「...の2倍」。
- laugh at 〜 は「〜のことを笑う」、tease は「〜をからかう、いじめる」。saying 〜 は「〜と言いながら」。
- You're such a 〜 は「あなたって人はとんだ〜ね」と、相手の言動にあきれたり、感銘を受けたりした時に使う。ここでは、少食だと自分で言っていたにも関わらず、すさまじい食欲を見せたので、こう言ってからかわれてしまった。

**語彙**

| | | |
|---|---|---|
| home stay ホームステイ | host parents ホストペアレンツ | light eater 少食の人 |
| simple 質素な | satisfied 満足した | food court フードコート |
| tease 〜をからかう | familiar 慣れ親しんだ | |

# Q89

日目

〈女性のホンネ〉

My boyfriend and I went to a sushi restaurant on our first date. I really wanted to try the most expensive set, but then I thought he might pay, so I wondered if I should choose the cheapest one. It was only our first date, but I kept hoping he would choose the expensive one so I could try it too. Pretending to still be making up my mind, I kept thinking to myself, "Come on! Say you'll have the most expensive one!" In the end, he ordered the cheapest one, so I felt I had no choice but to order it as well. I was a bit disappointed, but we had a good time anyway.　　　　（こぶた紫）

この人がすぐに注文を決めなかったのはなぜ？

- Ⓐ 優柔不断だから。
- Ⓑ 相手の出方を見るため。
- Ⓒ 自分の財布と相談するため。

# A89

**B** 相手の出方を見るため。

### 和訳

彼との初めてのデートで、お寿司屋さんに行った。本当は一番高いコースにしたかったけど、彼が払ってくれるかもしれないと思い、一番安いコースにするべきかどうか悩んだ。最初のデートだったけど、私も同じ物が食べられるように、彼が一番高いコースを選んでくれることを祈り続けた。まだ決めかねているフリをしながら、ずっと心の中ではこう考えていた私。「さあ！ 一番高いコースにすると言うのよ！」だけど結局は彼が一番安いコースを注文したので、同じ物を頼むしかなかった。ちょっとガッカリしたものの、まあデートは楽しかった。

### 解説

- I wonder if I should ~ は「～するべきかどうか考える」。
- It was only our first date は「それはまだ初めてのデートだった」。kept hoping he would ~ は「彼が～することを願い続けた」。so (that) I could try it too は「私もそれを食べてみることができるように」。it は the most expensive set「一番高いコース」のこと。so that ~ can ... は「～が…できるように」。
- pretending to still be ~ ing は「まだ～しているフリをしながら」、think to oneself は「密かに考える」。ここでの Come on! は「さあ、早く！」という感じ。
- I felt I had no choice but to ~ は「～するしかないと思った」。

### 語彙

| | | | |
|---|---|---|---|
| set | セット | make up one's mind | 決心する |
| order | ～を注文する | as well | 同様に |
| have a good time | 楽しく過ごす | | |

# Q90

〈同窓会にて〉

I attended my elementary school reunion last week. My classmates and I hadn't seen each other for almost thirty years, so I was very excited, but also a little scared. As we had all grown up, it was difficult for us to recognize each other, so the reunion organizer had us each introduce ourselves to the group. When it was my turn, I got really nervous and said, "I'm Yamamoto, and my maiden name is Yamamoto." You see, all the women who had introduced themselves earlier had given their married names and their maiden names, so I followed their lead unconsciously! Everybody laughed, and after that, they never forgot my name.

(ユキンコ)

### この人が自己紹介でしくじったのはなぜ？

- Ⓐ 用意していたセリフを忘れてしまったから。
- Ⓑ ウケを狙いたかったから。
- Ⓒ 前の人たちにつられてしまったから。

# A90

### ❸ 前の人たちにつられてしまったから。

#### 和訳
先週、小学校の同窓会に出席した。クラスメートたちとは30年近くも会っていなかったのでとてもワクワクしていたが、ちょっと怖くもあった。みんな年を取って、お互いに誰だかよくわからなかったので、幹事が1人ずつみんなの前で自己紹介をさせた。そして自分の番が来た時、とても緊張していた私は「旧姓山本の山本です」と言ってしまった。ほら、私の前に自己紹介した女性陣がみんな、結婚後の姓と旧姓を言っていたもんだから、無意識のうちにつられてしまって! みんなに笑われた末、しっかり名前を覚えられてしまった。

#### 解説
- hadn't seen each other for almost ~ は「約~の間、お互いに会っていなかった」。I was ~, but also ... は「~だったけど、…でもあった」。
- recognize (人) は「(人)が誰だかわかる」。had us each introduce ourselves は「私たち1人1人に自己紹介をさせた」。
- introduce oneself to ~ は「~に自己紹介する」、introduce oneself to the group は「みんなの前で自己紹介する」。
- who had introduced themselves earlier「先に自己紹介をしていた」は、前の先行詞 all the women「すべての女性」を修飾している。who は関係代名詞。
- follow one's lead は「(人)の手本に従う」。followed their lead「彼女たちの手本に従った」の their は自分の前に自己紹介をした既婚の女性たちを指す。つまり、自分は独身なのに、既婚女性たちにつられて「旧姓~の…です」と自己紹介してしまったということ。

#### 語彙
| | | | | | |
|---|---|---|---|---|---|
| attend | ~に出席する | elementary school | 小学校 | reunion | 同窓会 |
| last week | 先週 | organizer | まとめ役 | introduce | ~を紹介する |
| group | グループ | turn | 番 | maiden name | 旧姓 |
| married name | 結婚後の姓 | lead | 手本 | unconsciously | 無意識に |

# Word List

## A
| | |
|---|---|
| a bit | 少し |
| a few | 2〜3の |
| a head of ~ | 1玉の〜 |
| a little | ちょっと |
| a lot | 大いに |
| a piece of ~ | 1切れの〜 |
| a while ago | 少し前に |
| absolutely | 絶対に |
| accident | ハプニング |
| accidentally | 間違って |
| action | 行為 |
| actor | 俳優 |
| actually | 実際は |
| addicted to ~ | 〜に夢中になって |
| address | 〜と呼ぶ |
| admit | 〜を認める |
| after that | その後 |
| afternoon | 午後 |
| again | 再び |
| age | 年齢 |
| aggressively | 強引に |
| agree | 同意する |
| air-conditioner | エアコン |
| allow | 〜を許す |
| all-you-can-eat | バイキング形式の |
| almost | ほとんど |
| along | 一緒に |
| always | いつも |
| amazing | 驚くべき |
| annoy | イライラさせる |
| another | 別の |
| answer | (電話に)出る |
| antenna | アンテナ |
| anything | 何でも |
| anyway | とにかく |
| appear | 現れる |
| appetite | 食欲 |
| apply for ~ | 〜に申込む |
| appreciate | 〜に感謝する |
| April | 4月 |
| argue | 議論する |
| arm | 腕 |
| armchair | ひじかけイス |
| arrange | 〜を配置する |
| as well | 同様に |
| ask | 〜に頼む |
| ask (人) out | (人)をデートに誘う |
| ask for ~ | 〜を求める、要求する |
| assume | 〜と想定する |
| at heart | 気持ちの上では |
| at least | 少なくとも |
| at the time | その時 |
| attempt | 試み |
| attend | 〜に出席する |
| attitude | 態度 |
| audition | オーディション(を受ける) |

## B
| | |
|---|---|
| baby | 赤ちゃん |
| back | 背中 |
| back-scratcher | 孫の手 |
| backward(s) | 後ろに |
| bag | バッグ |
| baseball | 野球 |
| bathroom | 化粧室 |
| be able to ~ | 〜できる |
| be addicted to ~ | 〜にハマっている |
| (be) compelled to ~ | 〜せざるを得ない |
| be glad to ~ | 〜して嬉しい |
| be good at ~ | 〜が得意である |

| | | | |
|---|---|---|---|
| be in bed | 寝ている | | |
| beach | ビーチ | **C** | |
| beat | ～をたたく | cabbage | キャベツ |
| become | ～になる | cake | ケーキ |
| beer | ビール | call | 電話をかける |
| behind | ～の後ろに | call to ~ | ～に声をかける |
| believe | ～を信じる | calmly | 穏やかに |
| belly | 腹 | Canada | カナダ |
| beside | ～のそばに | carry | ～を運ぶ |
| between ~ | ～の間に | case | 場合 |
| big | 大きい | cash register | レジ |
| big eater | 大食家 | cashier | レジ係 |
| bill | 勘定書、札 | catch | ～を捕らえる |
| birthday | 誕生日 | cell phone | 携帯 |
| bit of a ~ | ちょっとした～ | chair | イス |
| bite | 刺し傷 | chance | チャンス |
| bite one's lip | 笑いをこらえる | cheap | 安い |
| bleach | ～を漂白する | check | ～を調べる |
| blush | 顔を赤らめる | checkup | 健康診断 |
| body | 体 | child | 子ども |
| boring | 退屈な | choice | 選択 |
| boss | 上司 | choose | ～を選ぶ |
| both | 両方 | classmate | クラスメート |
| bouquet | ブーケ | clear up | 晴れ上がる |
| bowling | ボウリング | clerk | 店員 |
| boy | 男の子 | client | 顧客 |
| boyfriend | 彼氏 | clothes | 服 |
| branch manager | 支店長 | cold | 風邪 |
| Brazilian | ブラジル人 | colleague | 同僚 |
| break | ～を違反する | college | (単科)大学 |
| breakfast | 朝食 | come | 来る |
| brief | 簡潔な | come off | 取れる |
| bright | 明るい | communicate | 意思を通じ合う |
| brilliant | すばらしい | compensate | ～を補う |
| bring | ～を持ってくる | complain | 文句を言う |
| broken | 壊れた | completely | 完全に |
| business trip | 出張 | concentrate | 集中する |
| busy | 忙しい | concentration | 集中 |
| buy | ～を買う | cook | 料理人 |
| by mistake | 間違えて | cookie | クッキー |
| | | cooking | 料理 |

| | | | |
|---|---|---|---|
| cool | 涼しい | doting | 親バカな |
| correspondence course | 通信講座 | doubt | 疑い |
| country | 田舎の | downtown | 繁華街で |
| cowboy | カウボーイ | dozen | たくさんの、12の |
| credit-card statement | カードの明細書 | dream | 夢 |
| cry | 泣く | drink | お酒を飲む |
| curfew | 門限 | drive | 車の運転をする |
| customer | 顧客 | drunk | 酔っぱらった |
| cut back on ~ | ~の量を減らす | during | ~の間に |
| cute | かわいい | | |

### D

| | | | |
|---|---|---|---|
| dash off to ~ | ~へ駆け込む | | |

### E

| | | | |
|---|---|---|---|
| date | デート | each | それぞれの |
| daughter | 娘 | each other | お互いに |
| day off | 休日 | early | (朝)早く |
| deal with ~ | ~を相手にする | easy | カンタンな |
| dear | 親愛なる | eat | ~を食べる |
| decide to ~ | ~しようと決める | eat out | 外食する |
| decline | ~を拒否する | effort | 努力 |
| definitely | まったく | eject button | 取り出しボタン |
| defy | ~に逆らう | elbow | ひじ |
| depressing | 憂うつな | elementary school | 小学校 |
| desk | 机 | else | 他に |
| dessert | デザート | email | メールを送る |
| detailed | 詳細な | embarrassed | 恥ずかしい |
| dialect | 方言 | employee | 従業員 |
| die | 死ぬ | encourage | ~を勧める |
| different | 種々の | end | 最後 |
| difficult | 難しい | end up ~ | 結局~になる |
| difficulty | 困難 | end-of-year party | 忘年会 |
| dinner | 夕食 | energy | エネルギー |
| disappointed | ガッカリした | English | 英語 |
| discount | 割引 | enjoy | ~を楽しむ |
| discourage | ~をやめさせる | enough | 十分な |
| discover | ~を発見する | ensure | ~を確実にする |
| disgusted | 嫌気がさした | escort | ~をエスコートする |
| dish | 料理 | especially | 特に |
| distant | 遠い | even | ~までも |
| do | ~をする | eventually | 結局は |
| dog | 犬 | ever since ~ | ~以来ずっと |
| | | every day | 毎日 |
| | | everybody | みんな |

| | | | |
|---|---|---|---|
| everything | すべての物 | food court | フードコート |
| exactly | まさに | for a while | しばらくの間 |
| exam | 試験 | force | ～を強要する |
| except | ～以外は | foreigner | 外国人 |
| excess | 余分な | forget | ～を忘れる |
| excited | 興奮した | friend | 友だち |
| exciting | ワクワクさせる | frighten | ～を怖がらせる |
| expect | ～を予想する | from then on | その時以来 |
| expensive | 高価な | front | 前 |
| experience | 経験 | front door | 正面玄関 |
| explain | ～を説明する | full | 満腹の |
| extended | 延長された | fun | 楽しい |
| eye | 目、瞳 | funny | おかしい |
| **F** | | furious | 激怒した |
| face | 顔 | future | 将来 |
| fall | 落ちる | **G** | |
| fall asleep | 眠り込む | gain | ～を得る |
| familiar | 慣れ親しんだ | game | 試合 |
| family | 家族 | general manager | 部長 |
| farm | 農場 | get | ～を得る |
| fat | 脂肪 | get away with ~ | ～をうまくやる |
| fateful | 運命的な | get back | 戻る |
| father | 父親 | get out | 出る |
| father-in-law | 義理の父 | get rid of ~ | ～を除く |
| favorite | お気に入りの | get tired of ~ | ～にうんざりする |
| feel | ～を感じる | get up | 起きる |
| female | 女性の | ghost | 幽霊 |
| field day | 運動会 | girl | 女の子 |
| find | ～を見つける | girlie | 乙女チックな |
| find out ~ | ～を知る | glasses | メガネ |
| finish | ～を終える | go | 行く |
| first | 最初の | go back | 戻る |
| fix up ~ | ～を手配する | go by | (時が)過ぎる |
| fixed | 固定した | go first | 最初にやる |
| flock to ~ | ～に群がる | go on | ～を続ける |
| floor | 床 | god | 神 |
| flyswatter | ハエたたき | gossip show | ワイドショー |
| fold | ～をたたむ | granddaughter | 孫娘 |
| follow | ～に従う | grandfather | 祖父 |
| food | 食べ物 | grandma | おばあちゃん |

| | | | |
|---|---|---|---|
| grandmother | 祖母 | hug | 抱擁 |
| gravity | 重力 | huge | 巨大な |
| gray hair | 白髪 | hungry | お腹がすいた |
| great | すばらしい | husband | 夫 |
| greet | ~を歓迎する | **I** | |
| grocery | 食品雑貨類 | ice cream | アイスクリーム |
| group | グループ | iced coffee | アイスコーヒー |
| grow up | 大人になる | idea | アイデア |
| growl | 鳴る | ignore | ~を無視する |
| grown-up | 大人 | imagination | 想像 |
| guess | ~と推測する | imagine | ~を想像する |
| guest | 招待客 | impossible | 不可能な |
| guy | 男 | impressed | 感心して |
| **H** | | improbably | ありそうもなく |
| half price | 半額 | in charge of ~ | ~を管理している |
| hand | 手 | in fact | 実際には |
| handsome | ハンサムな | in front of ~ | ~の前に |
| happen | 起こる | in line | 一列になって |
| happy | 嬉しい | in the end | 結局は |
| hard | 難しい | include | ~を含む |
| have | ~がある | instead | その代わりとして |
| have a baby | 子どもを産む | instruction | 指示 |
| have a good time | 楽しく過ごす | interest | 興味 |
| hear | ~を聞く | interested | 興味を持った |
| heavy | 重い | interesting | 興味深い |
| help | ~を手伝う、助け | Internet | インターネット |
| high school | 高校 | into ~ | (ある状態の)中へ |
| highlight | ~を目立たせる | introduce | ~を紹介する |
| highly | 非常に | iron | ~にアイロンをかける |
| hold | ~を抱く | **J** | |
| home | 家に、自宅に | jacket | ジャケット |
| home stay | ホームステイ | Japanese | 日本人 |
| honey | あなた | Japanese-Brazilian | 日系ブラジル人 |
| hope | ~を望む | jewelry store | 宝石店 |
| horse | 馬 | job | 仕事 |
| horseback riding | 乗馬 | junior high school | 中学校 |
| host parents | ホストペアレンツ | just | ただ~だけ |
| hotel | ホテル | **K** | |
| hour | 時間 | keep | ~を続ける |
| housework | 家事 | kid | 子ども |

| | | | |
|---|---|---|---|
| kilogram | キログラム | look around for ~ | ~を探し回る |
| kind | 種類 | look back | 振り返って見る |
| kindergarten | 幼稚園 | look down at ~ | ~を見下ろす |
| kindergartner | 幼稚園児 | lose | ~を失う |
| kindness | 親切 | lottery | 宝くじ |
| kiss | キス | loudly | 大声で |
| know | ~を知っている | love story | 恋愛話 |
| Korea | 韓国 | low | 少ない |
| Korean | 韓国人の | lucky | 運のよい |

### L

| | | | |
|---|---|---|---|
| label | ブランド物、~にラベルを貼る | lunch box | 弁当 |
| last | すぐ前の | luxurious | 豪勢な |

### M

| | | | |
|---|---|---|---|
| last month | 先月 | mah-jong | マージャン |
| last night | 昨夜 | maiden name | 旧姓 |
| last week | 先週 | make | ~を作る |
| later | 後で | make it a habit to | ~するようにしている |
| laugh | 笑う | make up one's mind | 決心する |
| laundry | 洗濯物 | makeup | 化粧 |
| lazily | なまけて | male | 男性の |
| lead | 手本 | man | 男性 |
| learn | ~を知る | manage to ~ | なんとか~する |
| leave | ~にしておく | married | 既婚の |
| leave for ~ | ~に出発する | married name | 結婚後の姓 |
| leftovers | 残り物 | matter | 事 |
| let | ~させてあげる | maximum | 最大 |
| lettuce | レタス | maybe | たぶん |
| library | 図書館 | MC | 司会者 |
| light eater | 少食の人 | meal | 食事 |
| like | ~のように | mean | ~を意味する |
| line up for ~ | ~の列に並ぶ | meeting | ミーティング |
| lip | 唇 | middle-aged | 中年の |
| listen | (注意して)聞く | midnight | 真夜中 |
| literally | 文字通りに | mind | ~を気にする |
| little | 小さい | miniskirt | ミニスカート |
| live | 生放送の、暮らす | minor | 重要でない |
| lock | ~を閉じ込める | minute | 分、瞬間 |
| locked out | 締め出されて | mirror | 鏡 |
| long | 長い | miss | ~を見逃す |
| look | ~のように見える | misstep | 足を踏み外す |
| look around | いろいろ見て回る | mistake | 間違い |

| | | | |
|---|---|---|---|
| mom | お母さん | office | オフィス |
| money | お金 | often | しばしば |
| month | 月 | old | 年を取った |
| morning | 朝 | (older) brother | 兄 |
| mosquito | 蚊 | on purpose | わざと |
| mother | 母親 | on the phone | 電話中で |
| Mother's Day | 母の日 | once | 一度 |
| motivated | ヤル気のある | only | ～だけ |
| motor scooter | スクーター | open | ～を開ける |
| mouth | 口 | order | ～を注文する |
| move | 動く | organizer | まとめ役 |
| moved | 感動して | other | 他の |
| movie | 映画 | otherwise | さもなければ |
| movie theater | 映画館 | out | 外出して |
| Mr. Right | 理想の彼 | outside | 外で |
|  |  | overhear | ～をふと耳にする |

### Ⓝ

| | | | |
|---|---|---|---|
| name | 名前 |  |  |

### Ⓟ

| | | | |
|---|---|---|---|
| necessary | 必要な | pace around | うろうろと歩き回る |
| need | ～を必要とする | package | 包み |
| needless to say | 言うまでもなく | page | ページ |
| nephew | 甥 | paper | 紙 |
| nervous | 緊張して | parasol | 日傘 |
| never | 決して～ない | parents | 両親 |
| New Year's card | 年賀状 | park | 公園 |
| next to ~ | ～の隣に | parlor | 店 |
| nice | 親切な | part | 役目 |
| nicely | きちんと | pass | ～を手渡す |
| night | 夜 | pass by | 通り過ぎる |
| nobody | 誰も～ない | passage | 流れ |
| noise | 騒音 | paunch | 太鼓腹 |
| normal | 標準, 常態 | pay | 代金を払う |
| nose | 鼻 | peculiar | 奇妙な |
| notice | ～に気づく | pedometer | 万歩計 |
| now | 今では | people | 人々 |
| number | 数, 数字 | per ~ | ～につき |
| nurse | 看護師 | person | 人 |
|  |  | personal | 個人の |

### Ⓞ

| | | | |
|---|---|---|---|
| obey | ～に従う | phone call | 電話をかけること |
| object | 反対する | photo | 写真 |
| of course | もちろん | phrase | フレーズ |

| | | | |
|---|---|---|---|
| pink | ピンクの | real | 現実の |
| pins and needles | (体が)しびれて | realize | ～を実感する |
| place | ～を置く | really | 本当に |
| plan to ~ | ～するつもりである | reason | 理由 |
| plastic bottle | ペットボトル | receive | ～を受け取る |
| play | ～をして遊ぶ | recently | 最近 |
| player | プレーヤー | record | ～を録画する |
| pleasure | 楽しみ | recycled | 再利用の |
| point | 目的、意味 | red | 赤い |
| point out ~ | ～を指差す | redo | ～をやり直す |
| poke | ～をつつく | reduce | ～を減らす |
| police checkpoint | 警察の検問所 | regular | いつもの |
| police officer | 警官 | relative | 親戚 |
| police station | 派出所 | relaxing | リラックスできる |
| Portuguese | ポルトガル語 | remain | ～のままでいる |
| possible | 可能な | remember | ～を覚えている |
| posture | 姿勢 | remind | ～に思い出させる |
| power | 力 | remove | ～を取り除く |
| prepared | 調理された | rent | ～を借りる |
| present | プレゼント | reply | 答える |
| press | ～を押す | respect | 点 |
| pretend to ~ | ～のフリをする | rest | 残り |
| problem | 問題 | rest room | 化粧室 |
| profile | プロフィール | restaurant | レストラン |
| program | 番組 | return | 戻る |
| pull | ～を引く | reunion | 同窓会 |
| punch | ～を殴る | rice ball | おにぎり |
| push | ～を押す | ride | ～に乗る |
| put away ~ | ～を片づける | right after ~ | ～の直後に |
| put on ~ | ～を身につける | right now | ただ今 |
| **Q** | | ring | ベルが鳴る |
| quickly | すぐに | ringing tone | 着メロ |
| quit | ～をやめる | risk | ～の危険を冒す |
| quite | かなり | romance | ロマンス |
| **R** | | romantic | ロマンチックな |
| rain | 雨が降る | room | 部屋 |
| rarely | めったに～しない | run | 流れる |
| reach for ~ | ～に手を伸ばす | run up | 走り寄る |
| reaction | 反応 | | |
| read | ～を読む | | |

## S

|  |  |
|---|---|
| sad | 悲しい |
| sadly | 悲しいことに |
| salad | サラダ |
| sales call | 売り込みの電話 |
| salesclerk | 店員 |
| salespeople | 販売員 |
| same | 同じ |
| satisfied | 満足した |
| sauna | サウナ |
| save | ～を節約する |
| say | ～と言う |
| scandal | スキャンダル |
| scared | 怖がった |
| scary | 恐ろしい |
| scene | 場面 |
| school | 学校 |
| school trip | 遠足 |
| second | 二番目の |
| see | ～を見る |
| seem to ~ | ～のようだ |
| send | ～を送る |
| served | 出された |
| set | (機械、器具などを)用意する、調整する、セット |
| several | いくつかの |
| share | ～を分かち合う |
| shocked | ショックを受けて |
| shocking | 衝撃的な |
| shoes | 靴 |
| shop | 買い物をする、店 |
| shopping bag | 買い物袋 |
| show | ～を見せる |
| show up | 現れる |
| shrink | 縮む |
| shut | 閉じた |
| sibling | 兄弟(姉妹) |
| side dish | サイドディッシュ |
| sidewalk | 歩道 |
| sigh | ため息 |
| sign | 貼り紙 |
| silence | 沈黙 |
| silent mode | マナーモード |
| simple | 質素な |
| since then | それ以来、あれから |
| sing | 歌う |
| single | 独身 |
| sister | 姉／妹 |
| sit | 座る |
| sit back | 深く座る |
| situation | 状況 |
| skirt | スカート |
| sleep | 睡眠 |
| slim | 細い |
| slimming | やせさせる |
| small | 小さい |
| smell | におい |
| smile | 笑顔 |
| snack | スナック菓子 |
| snore | いびきをかく |
| softly | 静かに |
| someday | いつか |
| somehow | 何とかして |
| someone | 誰か |
| something | 何か |
| sometime | いつか、ある時 |
| sometimes | 時々 |
| somewhere | どこかに |
| son | 息子 |
| song | 歌 |
| soon | 早く |
| sound | ～に聞こえる |
| soup | スープ |
| souvenir | おみやげ |
| Spanish | スペイン人の |
| spark | 突然起こさせる |
| speak | (～を)話す |
| special | 特別な |
| speech | スピーチ |
| speed limit | 制限速度 |

| | | | |
|---|---|---|---|
| spend | ~を使う | | |
| spender | 浪費家 | **T** | |
| spot | 吹き出物 | take | 連れて行く |
| stage | ステージ | take back ~ | ~を撤回する |
| stain | しみ | take care of ~ | ~の世話をする |
| stand | 立つ | take off ~ | ~を脱ぐ |
| start | ~を始める | talk | 話す |
| station | 駅 | tall | 背の高い |
| steal | ~を盗む | taste | ~の味がする |
| step | 歩(み) | teacher | 教師、先生 |
| still | まだ、いまだに | tears | 涙 |
| stock | 煮出し汁 | tease | ~をからかう |
| stomach | 胃 | tell | ~と言う |
| stop | ~をやめる | terrible | まずい |
| straight | まっすぐに | test | テスト |
| stranger | 見知らぬ人 | that way | そんなふうに |
| street | 通り | the other day | 先日 |
| strict | 厳しい | then | それから |
| striking | 印象的な | thing | 物、事 |
| struggle | 奮闘する | think | ~と思う |
| stubborn | 頑固な | third-generation | 3世 |
| student | 学生 | throw | ~を投げる |
| study | 勉強する | ticket | 違反の切符 |
| stuff | 物 | time | 時間 |
| stuffed | つまって | timer | タイマー |
| such | そのような | tired | 疲れた |
| suddenly | 突然 | today | 今日 |
| suggest | ~を提案する | together | 一緒に |
| suit | ~に似合う | toilet | トイレ |
| suitcase | スーツケース | toss | 投げること |
| summer | 夏 | total | まったくの |
| sunburned | 日焼けした | touching | 感動的な |
| sunscreen | 日焼け止め | tough | 難しい |
| supermarket | スーパーマーケット | towards ~ | ~に向かって |
| supplement | サプリメント | traffic violation | 交通違反 |
| sure | 確かな | traveling | 移動、旅行 |
| surprise | 驚き | trick | いたずら |
| surprised | ビックリして | trip | 旅行 |
| swollen | 腫れ上がった | trip on ~ | ~につまずく |
| | | trouble | 問題 |
| | | truth | 真実 |

| | | | |
|---|---|---|---|
| try | ～をやってみる | wave | 波 |
| T-shirt | Tシャツ | wear | ～を着ている |
| turn | 番、～になる | weather | 天気 |
| turn on ~ | ～をつける | wedding picture | 結婚式の写真 |
| TV camera | テレビカメラ | wedding reception | 披露宴 |
| TV drama | テレビドラマ | wedding ring | 結婚指輪 |

## U

| | | | |
|---|---|---|---|
| umbrella | 傘 | weigh | ～の重さを量る |
| unbelievable | 信じられない | weight | 重さ |
| uncle | おじ | wet | 濡れた |
| uncomfortable | 気まずい | while | ～する間 |
| unconsciously | 無意識に | wife | 妻 |
| under the influence | 酒に酔って | without | ～なしで |
| understand | ～を理解する | woman | 女性 |
| unexpected | 思いも寄らない | wonder | 驚き、～かしらと思う |
| unexpectedly | 思いがけなく | work | 正常に機能する、仕事 |
| unfortunately | あいにく | world | 世界 |
| up | 起きて | worry | 心配する |
| use | ～を使う | worth | 価値 |
| usual | いつものこと | wrong | 間違った |
| usually | 普通は | | |

## Y

| | | | |
|---|---|---|---|
| | | year | 年 |
| | | young | 若い |

## V

| | |
|---|---|
| various | さまざまな |
| video game | テレビゲーム |
| visit | ～を訪ねる |

## W

| | |
|---|---|
| waistline | ウエストライン |
| wait | 待つ |
| wake up | 目を覚ます |
| walk | 歩く |
| walk away | 立ち去る |
| wallet | 財布 |
| wander | さまよう |
| want | ～がほしい |
| want to ~ | ～したい |
| wardrobe | タンス |
| wash | 洗濯 |
| wash-and-wear shirt | 形状記憶シャツ |
| waste | ムダ |
| watch | ～の世話をする |

世界のネイティブ講師に聞きました!
## これだけは覚えて!
# 超カンタン英会話30
定価1,785円 A5判 160P CD付

待望の「世界のネイティブ講師に聞きました!」
シリーズ第1弾は「まったく英語を話せない」と
悩んでいる超英語初心者の方に、海外・国内の
ジオスのネイティブ講師が「会話のルール」と
「会話をするために最低限知っておきたい
フレーズ30」をお教えします!実践的で
復習パートも充実しているので、
毎日ちょっとずつの努力で
「会話を楽しめる」自分に変身できます。
疲れた時も聞ける日本語ナレーション入りCDと、
どこででも復習できる携帯カード付き。

---

世界のネイティブ講師に聞きました!
## これだけで話せる!
# 超カンタン英会話 動詞編
定価1,785円 A5判 168P CD付

大好評シリーズ「世界のネイティブ講師に聞きました!」
第2弾は「なかなか単語が覚えられない」と
悩んでいる英語超初心者の方に、海外・国内の
ネイティブ講師が「少ない単語をフル活用して
話すコツ」、「会話をするために最低限知って
おきたい基本動詞」をお教えします!
実践的で復習パートも充実。
疲れた時も聞ける日本語ナレーション入りCDと、
どこででも復習できる携帯カード付き。
これを読んで、もっと「会話を楽しめる」自分に
なりませんか?

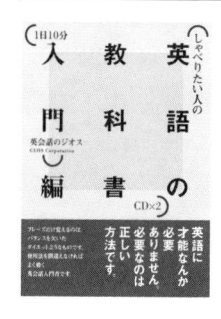

## しゃべりたい人の
## 英語の教科書 入門編
定価1,995円 A5判 188P CD付

英語を話すのに才能は必要ありません。
ただし、正しい方法で勉強する必要はあります。
この本では、ネイティブスピーカーによって
書かれた会話を、聞いたり、書いたり、声に出して
読んだりしながら学習を進めていきます。
また、基礎文法を復習することで英語の
基本構造が身につき、実際に使いこなせる
英語力が養われますので、毎日少しずつの努力で
「英語を話せる人」になることができます。
英語学習の最初のコーチとしてぜひお使いください。

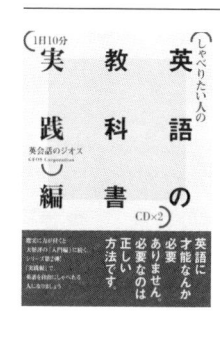

## しゃべりたい人の
## 英語の教科書 実践編
定価1,995円 A5判 188P CD付

やっぱり私には英語を話す才能がないのよ、
というあなた。きっと、勉強方法に問題があるのです。
この本では、英語の教科書入門編と同様に、
ネイティブスピーカーによって書かれた会話を、
聞いたり、書いたり、声に出して読んだりしながら
学習を進めていきます。
また、中学2、3年で学んだ文法を復習することで、
実際に使える英語力が養われます。
「自由に英語を話せる人」を目標に、がんばって
少しずつ学習を続けていきましょう。

# 毎日 ちょこっとリーディング

2005年11月5日 初版発行
2005年12月15日 第2刷発行

| | |
|---|---|
| 企画・編集・制作 | 株式会社ジオス教材開発研究室 |
| 発　行　所 | 株式会社ジオス |

[営業所]
141-0032 東京都品川区大崎1丁目6番4号
新大崎勧業ビルディング4F
TEL:03-5434-2831 FAX:03-5434-2833

[編集室]
770-0944 徳島県徳島市南昭和町1丁目48-1
TEL:088-625-7807 FAX:088-655-5915

| | |
|---|---|
| カバーデザイン | 如月舎 |
| 印　　　刷 | 株式会社坂東印刷 |

ISBN4-86109-027-X　C0082
© GEOS Corporation 2005　Printed in Japan